図書館・日仏の出会い

小林宏

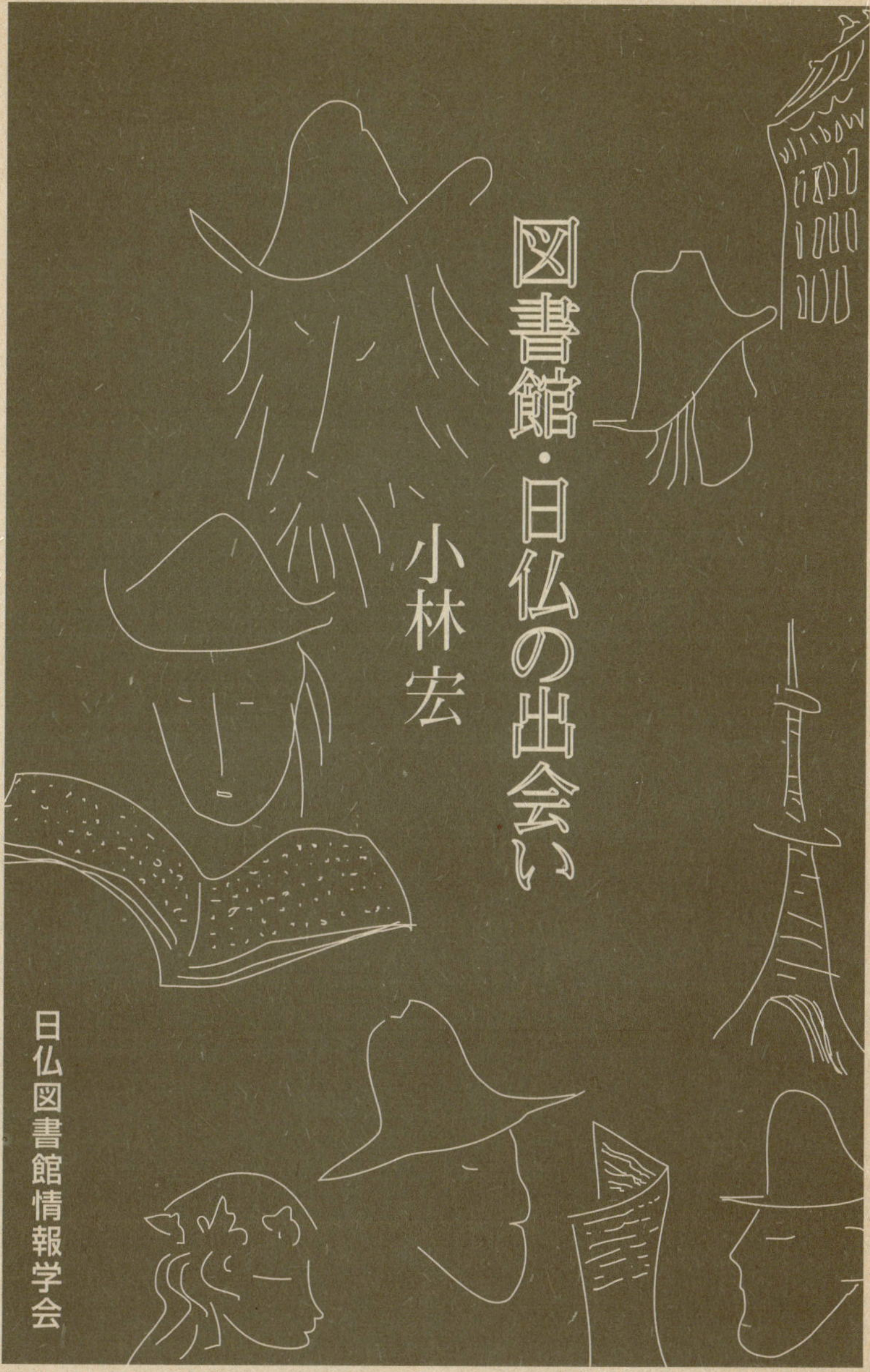

日仏図書館情報学会

序

日仏図書館情報学会顧問　小林宏氏は日仏図書館情報学会の生みの親で、自他ともに許す図書館の分野での日仏交流の先駆者であることは言うを待たない。最初は日仏図書館研究会として、小林さん―われわれはいつも親しみを込めてこうお呼びしてきたが―の熱心な呼びかけによって杉捷夫先生を会長として発足した本学会の中心として、みずから長らく幹事長をつとめ、最近十二年間は会長として活躍された。

このたび、本学会の会誌に発表された文章などを中心に小林さんの書かれたものが一冊にまとめて刊行される運びにいたったことは、学会として大きな喜びである。

私のような古い世代の者は本書を一読して過去のさまざまな場面を懐かしく思いおこし、今昔の感を新たにするが、著者と直接には面識のない他の多くの会員には改めて草創期の本学会の姿を伝える貴重な資料となるだろう。

本書には達意の文章に加えて、おりに触れて写された写真が花を添えているが、写真は小林さんの長年の趣味であり、玄人はだしの作品を収録したCDを学会にも頂戴した。フランスの図書館学校の事務官は〝ムッシュウ小林はいつもカメラを持って学校に来ていたが、あなたは持っていないのか〟と言って、当時、授業と試験に忙殺されていた私はその余裕を羨ましく思ったのを覚えている。

本書の刊行を機会に改めて小林さんの本学会に対する長年のご貢献に感謝するとともに、今後一層のご健勝とご長寿を心から願っている。

二〇〇四年五月五日

赤星隆子
（日仏図書館情報学会会長）

はじめに

私は生涯の仕事として、図書館員の道を選び、書物と図書館とを友として生きることを、この上ない喜びとしてきた。しかし時代は大きく変動し、情報化の波は、穏やかな読書人の身辺をすら揺すぶり続けてやまない。これからの図書館はどうなってゆくのだろうか？　書物が人々の心の支えとして、これからも存在し続けていられるのだろうか？　また、図書館員は、そしてその仕事は、どう変質してゆくのだろうか？

私は日本がまだ、貧しく、厳しく、愚かな戦争に狂奔していた時代に、貴重な青春をすり減らして生き延びてきた。手許に抱きしめた愛読書だけが、唯一の慰めであり、生きる支えですらあった。図書館というものを知ってからは、そこには、自分がまだ巡り会えないできた未知の師や、友や、愛する人が、ひそかに身を潜めている深い森のような気がした。

私が、なぜ図書館を選んだのか、そしてなぜフランスと関わりを持つに至ったのか、という本質的な問題については、本書の性格上、深く触れることができず、心残りに思っている。が、今回は、会長退任記念として学会誌への発表論文を論集としてまとめるという趣旨を尊重して、孤独の少年が生き方の底流として長く胸に抱き続けてきたことについては、また機会を改めて、別な形でまとめることにした。

私は常々、図書館のしごとに携わっている人たちや、図書館そのものを「心の友」と思っており、図書館の第一線を退いた現在でも、足はいつのまにか自然に図書館に向いており、気ままな書架旅行を愉しむと同時に、目障りにならぬ程度に図書館員と接触することを習いとしている。時々、この人はなぜ図書館員になったのだろうか、司書という職業がこの人にとってどういう意味を持っているのだろうか、と考えてしまうことがある。

私の場合は、もしあの不幸な戦争がなかったならば、あるいは図書館員にはならなかったかも知れない。今の若い図書館員の方に理解していただけるかどうか心許ないが、戦争はいくら独りで反対を叫んでも、食い止めようとしても、どうなるものでもない。国際連合やユネスコの憲章にもあるとおり、「戦争は人の心の中で生まれるものであるから、人の心の中に平和のとりでを築かなければならない」のであり、図書館は、私たち誰もが関わることのできる「民主主義と平和の砦」である、と私は固く信じている。だからといってそのことが、日常の図書館勤務にどう関わっていくか、というものでもない。でも、「芯のある図書館人」というものを、私は期待してやまないのである。

探し求める資料を、世界の隅々にまで網を張りめぐらして、瞬時に見つけ出し、提供する――インターネットとコンピュータの能力は、むかし私たちが合言葉のように唱え、しかもその実現の困難を嘆いてきた、「利用者の求めるものは、草の根を分けてでも探し出して提供する」という図書館の根本理念を、数歩も先を行って、現実化しているのではないだろうか？　それなのに何故、眉根に皺を寄せて、納得いかないといった不満顔をしているのか。プラットホームの屑箱に、コミック雑誌や弁当と一緒に、文庫本まで捨てられてゆく。Webから膨大な情報を拾い集め、無造作に捨ててゆく。用が足りれば、それで満足なのであろう。「死ぬほどに愛しき書物二冊持ち彼は征きけりはればれとして」……戦中派の探求心、真理追究ということと、何かが違う、と感じ、思わずにはいられないからである。

では、それは何なのか。何を、どうすればよいのか。そのことを、今まで生きて、やってきたことを振り返って、じっくりと考えてみよう。大正生まれの老人に、何ほどのことを期待するのも無理かもしれないが、図書館の仕事に心を燃やし、生きがいを求めている人には、中世のスクリプトリアム（写本室）での写本僧たちが無言で語りかけてきたように、後世へのメッセージが探りだせるかも知れない。そのことを期待してやまない。

目次

Ⅱ 日仏図書館情報学会と日仏の交流

Ⅲ 図書館員の心意気

Ⅳ『図書館・日仏の出会い』によせて

I フランスの図書館に学ぶ

図書館における日仏の出会い
――明治期のフランス図書館関係文献に探る

はじめに

国際交流とは、単に一方的な摂取と受容の関係を意味するものではあるまい。長い間、国際社会における立ち遅れを痛感させられてきた日本の図書館は、その原因が単に言語の壁にあるのではなく、図書館を成り立たせる社会的基盤の未成熟にあることを、いやでも自覚せざるを得なかった。

日本の図書館は、明治維新後の文明開化政策の一環として、欧米先進諸国の制度を摂取することから、その形成を開始したのであるが、施設としての形態は模造できても、図書館を必要とし、これを盛り立て、支えてゆく市民意識までは移入するわけにはいかなかった。社会構造の相違、為政者の国民教化政策、言論や思想の抑圧などの拘束の中で、日本の図書館はおのずから固有の態様を形成してきた。市民とともに成長してゆく有機体としての図書館ではなく、制約の中に萎縮し、限られた一部の利用者を相手に細々と命脈を繋いできた、というのが紛れもない実態であった。日本の図書館の近代化は、第二次大戦後、民主社会の出現とともに漸く開始されたものに過ぎず、それを更に伸展させ、その存在意義を確立するには、利用者（市民）の支持と社会のコンセンサスが不可欠であった。

そのような状況の中で、近時、図書館界における国際協力は、情報伝達機器の発達にも支援されて、著しい伸展を遂げ、言語の壁を越えて、なお且つ測り知れない可能性を予感させるに至っている。これを、筆者が最も関心を寄せてきたフランスとの関係について眺めてみても、一九八六年のIFLA（国際図書館連盟）東京大会には、フランス及びフランス語圏諸国からの参加者が多数来日し、この極東の国の図書館についての認識を大いに深めていった。この大会においては、図書館界における「多文化社会サービス」の遅れと、その重要性が指摘され、改善のための努力・取組みを促す決議文が全体会議で採択された。これを契機としてIFLAは、多文化社会サービスのためのガイドラインを発表し、アジアにおいて日本が果たし得る役割に熱い期待が寄せられている。そして一九八九年のIFLAパリ大会には、日本からの参加者が大挙訪仏して、諸分科会での発表を担当したり、国際団体の一員としての役割を進んで果たすなど、日本の図書館の国際交流も漸く積極化してきた感がある。

日本の図書館は、戦後、専らアメリカを模範として出発しただけに、より広い視野からの国際化の必要が叫ばれるようになってからも、せいぜいイギリス、北欧等アングロ・サクソン系諸国に視線が偏り、アジアやその他の諸国については、あまり関心が向けられなかった。そして旧大陸、特に図書館の古い歴史と伝統をもつフランスについては、その古さの故に却って敬遠されてきたかの感があった。特に公共図書館界においては、旧来の保存偏重の図書館から離脱して、「中小レポート」を突破口として、開かれた「市民の図書館」を目指して、その体質改善に躍起となっていた折でもあり、古い図書館像を連想させる伝統的なものに対しては、或いは強い拒否反応があったかとも推測される。

そのような風潮の中で、一九七〇年に日仏図書館学会が発足し、既に二十年の歳月を重ねた。その間、この会の地道な活動は、両国の図書館人の往来、講演会・セミナーの開催、学会誌や研究シリーズの刊行等をこつこつと積み重ねてきた。このことによって、フランスの図書館の実態が次第に、正確に把握されてゆくとともに、従来の認識が大いに改められていった。そして、誤解されても不思議でない程に、一面では甚だ骨董的なものと、一方では思いっきり斬新な発想とが混在・共生するフランスという国の、底知れぬ魅力に改めて気付かされもしたのである。更に今年からは両国の図書館人が提携して、今日の情報化社会における、ますます多様化する情報メディアに対応するための新しい図書館の創造を目指し、両国間のより迅速な情報アクセスの促進をテーマとして、二年継続の共同研究が開始された。また現に通信回線によって、両国の図書館がオンラインで結ばれ、海を越えての情報検索や資料交換が、実験的な段階から、今後は活用・

推進の段階に入り、交流がますます深められようとしている。

しかし振り返れば、ついこの間まで、わが国の図書館は質量ともに貧しく、その運営も前近代的な書物の倉庫からの脱却を目指して、懸命に模索し続ける後進国であったことは、紛れもない事実であった。本稿は日仏図書館交流の経過の足固めとして、この際改めて出発点に立ち返り、わが国に図書館が誕生した明治期に、先人たちが手探りで諸外国の図書館事情を調査し、これに学ぼうと専ら努めた模索の跡を、今回は的をフランスだけに絞って、もう一度辿り直してみようとした一つの試みである。

図書館思想の導入

日本の図書館は、明治新政府の文明開化政策の一環として、西欧先進諸国への視察・留学、お雇い外国人の招聘、外国文献及び事物の輸入や翻訳・翻案など、専ら範を諸外国に求め、これを目指しての努力の過程の中で誕生したものであった。これは、ひとり図書館に限らず、政治、経済、司法、軍事、教育、産業、科学技術、運輸その他もろもろの社会制度や諸施設の整備などと全く軌を一にするものであった。我が国にも古くから文庫（ふみくら、ブンコ）があったが、これを図書館の先駆的存在と認めるかどうかは、見解の分かれるところである。しかし、少なくとも publique の施設ではなかった点と、自由、平等、万人に門戸を開くといった民主主義の所産ではなかった点で、図書館とは一線を画すべきものであろう。事実、「図書館」という言葉は明治一〇年代以前の日本語にはなく、外国視察の記録や、外国文献の翻訳・紹介などにおいても、書堂、書庫、文庫、大書庫、経蔵、書物庫、書籍院、書籍館などの表現が用いられてきた。

フランスの図書館に関する記述は、既に江戸時代末期、蘭学を通じての著述の中にも散見することが斉藤毅氏の研究に紹介されているが、[1]これらは単なる地理書の簡単な記述の中で、その存在の紹介に止まっている。斉藤論文の中から、フランスに関する部分だけを抽出させていただく。例えば山村昌永の『訂正増訳・采覧異言』（享和二年・一八〇二）巻之三　仏郎察　把理斯の中に、次のような簡潔な記述がある。

此国文学最盛ニシテ此都内ニ其国王加列児（カアレル）第五世ノ所建ノ王ノ書堂ヲ初メトシテ世ニ名アル大書堂凡ソ十五ケ処アリト云フ

また青地林宗訳『輿地誌略』（文政九年・一八二六）には、次の記述が見える。

書庫は加列児第五世王より起り、写書三万五千部、刊本五万部を蔵む、別涅実古底応（ベネヂクティン。一大院名）の書庫は富王府に次ぎ、刊七万部、写一万部あり。

同じ頃、プリンセンの『地理学実習』を翻訳した杉田玄端訳『地学正宗』（嘉永四年・一八五一）の第十二章　王国払郎察にも、次の紹介がある。

都府　把理斯（パリス）。払郎察ノ首府ニシテ……学術ノ為ニ設ケタル建築ニハ、「ロウフレ」〈地名〉［斎藤注 Louvre か］ノ学堂、書堂、書画院、草木園、諸般ノ学校、病院等アリ。

以上のような文献によって、図書館の存在についての予備知識だけは、識者の間にはかなり知られていたものと推測されるが、実際に日本人が自分の目でこれを確かめた記録としては、福沢諭吉の『西洋事情』(2)を先ずあげなければならないであろう。

西洋諸国ノ都府ニハ文庫アリ　「ビブリオテーキ」ト云フ　日用ノ書籍図画等ヨリ古書珍書ニ至ルマデ万国ノ書皆備リ衆人来テ随意ニ之ヲ読ムヘシ　但シ毎日庫内ニテ読ムノミニテ家ニ持帰ルコトヲ許サス　竜動ノ文庫ニハ書籍八十万巻アリ　彼得堡（ペートルスビュルグ）〈魯西亜ノ首府〉ノ文庫ニハ九十万巻　巴理斯ノ文庫ニハ百五十万巻アリ　仏人云フ　巴理斯文庫ノ書ヲ一列ニ並ルトキハ長サ七里ナルヘシト　○文庫ハ政府ニ属スルモノアリ　国中一般ニ属スルモノアリ外国ノ書ハ之ヲ買ヒ自国ノ書ハ

国中ニテ新ニ出版スル者ヨリ其書一部ヲ文庫ヘ納メシム　（初編　巻之一）

福沢は、身分の差別なしに「だれでも　いつでも（衆人来テ随意ニ）どんな本でも（日用ノ書籍図画等ヨリ……万国ノ書皆備リ）」という図書館の本質を的確に捉えているばかりでなく、国立、公立等の図書館が多数存在することや、国内出版物の納本制度や外国図書の収集にも注目し、その膨大な蔵書の充実ぶりについても紹介を忘れていない。

次に岩倉具視、木戸孝允、大久保利通等の視察団に随行して、後に久米邦武がまとめた『特命全権大使米欧回覧実記』(3)にはアメリカ、イギリスでの見聞に続いて、フランスの図書館についての克明な記述がある。

（明治六年）一月六日　晴午後ヨリ駕シテ大書庫ニ至ル、

パリ国立図書館入口門

此ハ「パレイローヤル」宮ノ近傍ナル街ニアリ、広大ノ書房ニテ、五層ノ室室ニエビシノ番号ヲ以テ、書籍ノ標題ヲ部分シテ蓄蔵ス、総数三百万部、其書ハ棚ヲ以テ整頓シ、前ニ藻績ヲスカシタル鉄板ヲ以テ床トシ、人ヲ往来セシム、故ニ上層ノ光明、下階ニ洞達シテ闇カラス、中央ヲ空クシ、鉄欄ヲ匝シテ誤墜ヲ防ケリ、棚ノ四隅ニ、鈎斗ノ仕掛アリ、書籍ヲ上下ス、書ヲ借覧スルモノアレハ、其書名ノ首字ヲ以テ、目録ヲ検シ、其番号ヲ記シテ、楼上ニ送レハ、楼上ヨリ即時ニ之ヲ査出シテ、鈞瓶ニテ下ス、広室数階ニ充満セル、書冊ノ中ヨリ、点検シ出シ、人人ニ借覧セシムルニ、一二分時ヲ待シメルニスキスシテ弁スルナリ、是カ為メニ人ヲ入ル丶、常ニ百六十人ニテ、出納ヲ掌ラシム、○此庫ハ、政府ヨリ公税ヲ以テ蓄ヘタルモノニテ、借覧ノ人ヨリ、借料ヲ収メスシテ、縦覧セシム、庫ノ入口ニ広堂アリ、四五百人ヲ坐セシムヘシ、榻（コシカケ）ト案（ツクエ）トヲ備フ、此ニ守人アリ、観ンコトヲ望ム人アレハ、取次テ此ニテ与ヘテ観セシム、持出ルコトハ禁制ナリ、○此庫ノ奥ニ、各国ノ書ヲ蔵スル一廊アリ、支那書、印度書、緬甸（ビルマン）書、亜刺伯（アラビヤ）書、波斯（ペルシャ）書ナド、ミナ備ル、日本書ノ棚モアリ、其内ニ、慶長年間ニ翻訳セル「キリシタン」教〈即天主教〉ノ書アリ、其文体ハ極テ俚俗解シ易キ文ニテ、字様ハ平仮名ヲ用ヒ、曽我物語、太閤記横本ヲ見ルカ如シ、一部数冊ノ書ナリ、我邦ニテハ久シキ厲勤ニテ、嘗テカヽル板本アリシコト、誰モ知ル人ナキ奇本ナリ

ここで久米は、図書館が公費によって賄われ、従って「無料公開」を原則とすることを明示している。また図書館の運営に当たる「司書の存在」にも折角留意しているのだが、「守人」とい

う本の番人を連想させる訳語しか思いつかなかったのは、利用者としての経験がなかったのだから致し方あるまい。しかしながら、日本にいた時にも見たこともなく、その存在すら知らなかった日本の書籍に触れての驚きの表現によって、図書館の「守人」の尋常ならざる見識に対する畏敬の念を表明している。そして久米は更に筆を続けて、図書館の本質に迫り、且つ文化哲学とも言うべき次のような見解を披瀝している。

大陸地方ノ人種、資性重厚ナリ、珠ニ西洋各地ノ民ハ、物ヲ棄廃スルニ渋シ、其積成ノ跡ヲ見レハ、日新進歩ト称スレトモ、元ハ磨切ノ功ヲ重ネテ光沢ヲ発セルナリ（中略）西洋ノ書庫、博物館ヲミル毎ニ、其用意ノ厚キ、我東方ノ遠国ノ物モ、重貨ヲ惜シマス労苦ヲ厭ハス、収拾採録セリ、以テ我邦人ニ示スニ、往往ニ驚異自ラヲ知ラス、却テ其解説ヲ聞テ、我内地ノコトヲ詳悉シ帰ルニ至ル、西洋ノ能ク日新シ、能ク進歩

時代の滓にすすけたＢＮ

スル、其根元ハ愛古ノ情ニヨレリ、試ミニ見ヨ、凱旋門ノ壮大ハ、羅馬ノ古城門ニ脱化シ、「セイン」河橋ハ「タイハル」橋ニ脱化セリ、千百年ノ智識、之ヲ積メハ文明ノ光ヲ生ス

（第三編　第四十三巻）

これらの優れた見聞に基づき、これを歪めることなく、わが国に図書館の制度がどうして取り入れられなかったのであろうか。それはともあれ、とにもかくにも、明治五年（一八七二）に、東京の湯島に書籍館（第一次）が文部省によって設置された。これは内容的には問題の多い（例えば「見苦敷風体之者ハ不許入館候事」など）、制限的なものであったが、後に地方書籍館がこれを模範として設立されてゆくことになった。またこの年、京都には、会員制の図書館ともいえる集書会社（翌年、集書院となる）が創立された。そして何よりも画期的なことは、我が国の教育制度の基礎となった学制が布かれた（八月）ことである。この学制の編成に参考として準用されたのが『仏国学制』であった。(4)

『仏国学制』に見る図書館の記述

『仏国学制』は、後に文部省より初編二冊、第二編一冊が明治六年に刊行され、第三編五冊、付録上下二冊が、同じく文部省から明治九年に刊行されている。初編は小学総論、第二編は中学

総論、第三編は大学総論で教門、法門、医門、理門、文門翰林院、つまり神学、法学、医学、理学、文学の各分科大学のほか、コレージ・ド・フランス、東方語学校、旧録学校（エコール・デ・シャルト）その他、各種の職業教育機関としての高等師範学校、海軍学校、美術学校等々について述べている。そして付録上編において、書籍院（図書館）、旧録館（古文書館）、観天台、博物館、本草園（植物園）をとりあげ、更に博物会社（学士院）の組織についても述べている。ちなみに付録下編では著作権法、出版法、新聞紙法、演劇興行法等を網羅しており、「仏国学制」とは称するものの、極めて広範囲に教育文化事業のすべてにわたっている。そこで、付録上編の図書館に関する部分について摘記してみたい。

学術及ビ文学ニ関渉セル館舎（エタブリスマン établissement）

○　第一綱　学術及ビ文学ニ関渉セル物品ヲ貯蔵セル公館舎学校ニ於テ教フル所ノ学科ノ外ニ、又人智ヲ広ムルノ豊泉アリ、即チ文書（ドキウマン document）及ビ識見ヲ博ムルノ物品ヲ学士ニ供シ、又技術ノ臨本ヲ術士ニ示ス所ノ貯蔵所ヲ云フ。此館舎ノ大半ハ、又其中ニ講席ヲ設置シテ生徒ヲ教授ス。

第一条

一、区ノ官員ハ、文書証券ノ貯蔵所、及ビ書籍院ヲ保護スベシ（千七百九十一年八月十三日及ビ十九日ノ法）

第二条

一、書籍院、博覧館（ミュゼオム Muséum）、博物館（カビネーヂストワールナチュレル Cabinet d'histoire naturelle）其他学術ニ関セル物品ノ貯蔵所ヲ設置セル建物（バーチマン bâtiment）ノ内へ武器、焔硝ノ製造所、又ハ牧草其外燃エ易キ物品ノ貯蔵所ヲ設置スルヲ禁ズ

（共和三年第三月三日ノ法第一条）

この図書館総論に続いて、『仏国学制』は「第一目　公書籍院」として公立図書館に関する規定を掲げている。

第三条

一、公書籍院ニ、政府ノ費ヲ以テ維持スル者アリ、州費ヲ以テスル者アリ、区費ヲ以テスル者アリ

（共和七年第三月十一日ノ法第二条第十三条）

第四条

一、印書スル者（アンプリムール imprimeur）彫刻スル者（グラブール graveur）勒石スル者（リトグラフ lithographe）ハ、皆書籍及ビ図画ヲ販売スル前ニ、其書籍一部、或ハ其図画二個ヲ王立書籍院ニ納メ之ニ加フルニ内務卿ノ書籍院ノ為メニ、其書籍一部、或ハ其図画一個ヲ納ムベシ（千七百九十三年七月十九日ノ法第六条、千八百十年二月五日ノ決定第四十八條、千八百十二年七月二日ノ決定、千

八百十四年十月二十一日ノ王命第十四条、千八百十四年十月二十四日ノ王命第三条、第四条、千八百十七年十月八日ノ王命第二条、千八百二十八年一月九日ノ王命第一条）

一、巴勒ニアル「サントジュネウィエブ」書籍院（Bibliothèque Ste-Geneviève）ノ内ニ、千八百二十八年一月九日ノ王命ニ依テ、内務卿ノ書籍院トナスベキ貯蔵所ノ書籍ヲ入ル、貯蔵庫ヲ設置ス

一、毎年内務卿ハ、此貯蔵書ニ在ル書籍ノ中ヨリ、公布スベシト思フ書ヲ選ビ出シテ、全国ノ書籍院ニ分配ス、但シ分配スル数ハ、書籍院ノ須要ト、莫大小トニ関係シテ、差異アルヘシ（千八百二十八年三月二十七日ノ王命）

先に福沢諭吉も注目した納本制度について、ここでは更に詳しく触れ、また、内務省の所蔵する納本（複本）を各地の図書館に分配する図書館協力についても紹介している。ただ気になるのは、国立図書館（Bibliothèque Nationale）を王立書籍院と訳していることである。この『仏国学制』の翻訳に用いた原本が何であったかは不明であるが、これを収めた『明治文化全集』の解説（海後宗臣）によれば、或るフランス法律書から訳したものと言い、またナポレオンコード（Code Napoléon）中から訳したとも言われている。一八二〇～三〇年代の王命、宰相布告が頻出することから見て、フランスの第三共和制以前に行われた教育関係の法規を訳したものと推測される。なお、訳者は注記して「王立書籍院　ビブリオテークロワヤール—官立書籍院ノ一、巴勒リシュリウ街ニアリ、仏国共和ノ今日之ヲ改メテ、国立書籍院ト名ツク」（第三編巻之三）と

断っていることからも、単にテキストの原文のとおり Bibliothèque Royale を忠実に訳出したものに過ぎないことが理解できる。また公共図書館の利用についても、〔訳者増補〕として次のように述べている。

諸ノ公書籍院ニ於テ、院内借覧ヲ許ス、且著作ヲ以テ名アル人ニハ、願書ヲ出セバ、私宅ニ貸スヲ許スベシ、院内ニ於テ借覧スル人ハ、院ノ職員ニ別段ナル事故ヲ示スニ非ザレバ、一回ニ一冊以上ヲ借ルコトヲ得ズ又書籍ノ上ニ紙ヲ附シテ筆写スルヲ許サズ、書籍ヲ汚シ、或ハ之ニ文字記号ヲ記スルヲ許サス、而シテ院ヲ去ル時ニハ、始メ書籍ヲ渡シタル官員ニ之ヲ返却スベシ、墨汁ハ、院ヨリ借覧人ニ給スト雖モ、筆紙ハ、自身ニテ持参スベシ（ベレーズ氏）（附録上編第一綱）

『仏国学制』には、まだこのほか国立図書館（第一款「王立書籍院」）に関する規程や組織、職員などについて詳述しているが、煩瑣に過ぎるので、以下の摘記に止めたい。

第六条

一、王立書籍院ハ、四課ニ分ツ、即チ左ノ如シ

第一　板本類

第二　写本類（マニュスクリー Manuscrit）

第三　古鉄石碑類
第四　絵図類

第八条

一、写本類ノ課ハ、之ヲ六部ニ分ツ、左ノ如シ
第一　旧記文書類
第二　漢語其他東亜細亜語ノ写本類
第三　梵語其他中亜細亜語ノ写本類
第四　亜刺伯語其他西亜細亜語ノ写本類
第五　希臘及ヒ臘丁語ノ写本類
第六　仏語及ヒ現今言語ノ写本類

第九条

一、特別ノ布令ヲ以テ、毎課毎部ニ要用ナル職員副員（アンプロワエーオークジリエール　employé auxiliaire）及ヒ部外者ノ人数ヲ定ム、王立書籍院ノ職員ハ、掌書又ハ副掌書ノ号ヲ有シ、副員ハ職員ト号ス、而シテ員外者ノ数ハ、職員ノ数ヨリ越ユヘカラス、各掌書ハ、一個ノ専務ヲ担任セシメ又副掌書職員、員外者モ然ラシムルコトヲ得ヘシ

第十条

一、看守長及ヒ看守副長ノ最モ年限多キ者、共ニ集会シテ、管理議院（一名　コンセルヴァトワル Conservatoire）ヲ成ス、但シ其員均シク議定ノ権アリ〇其職トスル所ハ、即チ左ノ如シ

一、書冊古銭ノ事、地理人類ノ事、貯蔵物ヲ守ル事、寄進購買兌換ノ事、書籍目録ヲ製スル事、公務ニ関スル規則、出納ノ事等ヲ議ス

（以下　略）

図書館職員の職名の訳が面白い。司書を「掌書」、司書補を「副掌書」とするなど、今日でこそ奇異な感じがするが、或いは適訳であるかもしれない。「看守長」は conservateur en chef のことであろうが、刑務所のようで、これは戴けない。しかしこの語の適訳は難しく、「主任上級司書」とか、ケース・バイ・ケースで「図書館長」「部課長」などと使い分けるほかない。

第二款には「マザリヌ」書籍院、「サントジュネヴィエブ」書籍院及ビ「ラルセナル」書籍院と題して、パリの三大図書館、即ち Bibliothèque Mazarine, Bibliothèque l'Arsenal, Bibliothèque Ste-Geneviève について数条を掲げているが、次の条項が目についたので記録しておく。

第十四条

一、此三書籍院ノ掌書、副掌書、及ビ職員ハ、「ウニヴェルシテー」ノ会員、若シクハ其有名ナル文学士、或ハ博学士或ハ旧録学校ノ生徒ヨリ之ヲ選ス

第十七条

一、諸種ノ目録、加入セル書ノ帳簿、重複セル書ノ目録、並ビニ借貸、兌換、寄進、売却ノ事ニ関セ

ル王立書籍院ノ規則等ハ、「マザリヌ」「サントジュネヴィエブ」「ラルセナル」ノ三書籍院ニ兼用シ得ベシ

第三款は、「諸府、諸翰林院、及ヒ其他ノ公館舎ニ付属セル書籍院」と題するものであるが、注目すべきことに National Bibliography に関する次の条項が記述されている。

第十八条

一、書籍ノ分配ニ関スル書籍院ハ、咸ナ書籍目録ヲ文部卿ニ差出シテ、仏国書籍院ノ大帳簿ナルモノヲ合成ス、此帳簿ハ通書士（ビブリオグラーフ bibliographe）文学士、博学士等ニ、之ヲ披見スルヲ許ス（千八百三十九年七月二日ノ王命第三十七条）

『仏国書籍院ノ大帳簿』とは、後に（一八九七）Catalogue général des imprimés de la Bibliothèque Nationale の源となった図書台帳のことであろうし、次に述べる旧録館の所蔵する写本を集成した『フランス図書館所蔵写本総合目録』Catalogue général des manuscrits des bibliothèques de France（一八四一年に着手、一八八四年に完成）もこの書籍院の大帳簿に合成されていったのであろう。

「仏国学制」付録上巻第二目は、「公ケノ旧録館」と題する古文書館について記述したものであるが、現在の指定市立図書館 Bibliothèque Municipale Classée が法制化される以前の旧措置が記されていて関心を引くので、取り上げてみたい。フランス革命の際、貴族、聖職者等の特権階級から没収した書籍類は、国民の財産として、各地の図書館や特に国民図書館と改称した昔の王室図書館に収蔵されたのであるが、地方公共図書館でありながら、この国有財産の寄託保管の任を指定された大方の主要都市の市立図書館を、他の一般の市立図書館 Bibliothèque Municipale Non-Classée と区別して、職員（図書館長や幹部職員は国家公務員）、予算面での経費分担等で今以て複雑な運営を継承しており、フランスの公共図書館近代化にとっては、一面において足かせともなり、後々まで根深い問題を残す原因ともなってきたものである。

第三目「写本ヲ貯蔵スル事、及ビ之ヲ公布スル事ニ関係セル諸規定」

第四十条

一、外務省ノ旧録館、及ビ王立、州立、邑立ノ書籍院、其他ノ公館舎ニ貯蔵セル写本ハ、総テ政府ノ所有物ニシテ許可アルニアラザレバ之ヲ発行スベカラズ（千八百九年二月二十日ノ布令第一条）

第四十二条

一、州立書籍院ニ貯蔵セル、古今ノ写本ノ明細ナル総目録ヲ作リテ、之ヲ公布スベシ（千八百四十一

年八月三日ノ王命第一条）

一、前条ニ掲ゲタル写本ハ、他ニ借スコトアルモ又其原来ノ書籍院ニ再置スヘシ

（以下　略）

第二百三十条

一、前ニ掲ゲタル目録ヲ発行スルノ入費ハ、文部省定額ノ書籍院ノ用ニ給スベキ金、若クハ（時機ニヨリテハ）著作者ノ幇助ニ充ル金ノ中ヨリ毎年引除キテ之ヲ弁スベシ（同上第三条）

最後に、図書館員養成施設について、『仏国学制』では第三編第三款に旧録学校（Ecole des Chartes 古典学校）を取り上げている。もっとも「ウニヴェルシテー」管轄外の官立学校として、次のようなコメント付きのものである。「王立書籍院及ビ旧録学校ニ設ケタル現在ノ東方語学、及ビ博古学ノ講席ハ、専特ノ目的ヲ有シ、且ツ公務ニ肝要ナル学問ニ渉ルト雖モ、必シモ此職務ニ就カント欲スル人ヲ教育スルヲ以テ、眼目トセズ、且ツ此講席ヲ設クル所以ハ、此大ナル文庫ニ貯蔵セル、珍書異籍ヲ人ノ用ニ供セントスルニアリ」従って必ずしも図書館員の専門的な養成を主目的とした学校ではない筈であるが、事実は国立図書館を始め、主要な図書館の職員は、長い間にわたってこの学校の卒業生が、殆ど独占してきた由緒ある学校でもあった。

一、旧録学校ノ講席ハ、之ヲ二個ニ分チ、第一ヲ初歩ノ講席ト名ツケ、第二ヲ旧録学、及ビ仏国古文学ノ講席ト云フ、而シテ第一ノ講席ハ（王国旧録館ニ於テ之ヲ為ス）旧キ証券ノ字意ヲ解釈スルコトヲ教フ、其期一ケ年ナリ、第二ノ講席ハ（リシェリウ街ノ書籍院ニ於テス）中古ノ訛言ヲ解釈シ、生徒ヲシテ其時世ノ記録ヲ批評スル術、及ビ其真偽時日ヲ察知スルノ法ニ通達セシム、其期二ケ年ナリ（千八百二十九年十一月十一日ノ王命第二条）

第二百三十四条

一、入塾生徒ハ、リシュリウ街書籍院ノ写本局、或ハ王国旧録館ノ官員ト共ニ旧録ノ次第ヲ整ヘ、其種類ヲ分ツ、而シテ此事務ニ就テハ、其官員ト同シキ規則ヲ遵奉セザルヲ得ス（同上第六条）

第二百三十五条

一、旧録学及ビ仏国古文学ノ生徒、二ケ年勤学ノ後、審司ノ目前ニ於テ試験ヲ受ケ、其学力ヲ充分ナリトセラルルトキハ、内務卿ヨリ旧録古文学士ノ免状ヲ受クベシ、但シ此免状ヲ得タル者ハ、官立書籍院、王国旧録館、其他諸書籍院ノ官員欠クル時ニ当リ、候補ノ半数ニ充テラルルコトヲ得（同上　第十条）

蛇足ながら、「王国旧録館」とは Archives Nationales（国立文書館）のことであり、「リシュリウ街書籍院」とは Bibliothèque Nationale（国立図書館）を指していることは言うまでもない。

以上、長々と「仏国学制」について述べてきたが、これが日本の教育制度や図書館の創設・整備に関して、どれ程実質的な役割を果したかということについては、甚だ疑問である。事実、明治五年の学制においては、図書館については全く触れられていない。しかしながらこの学制の創定を急いだ頃、『仏国学制』のほかには、『和蘭学制』（明治二年　内田政雄訳）や『西洋学校軌範』（明治三年　小幡甚三郎訳　慶応義塾開板）くらいしか外国の教育制度を述べた資料が乏しかった中で、これが応急の骨格を組み立てるための参考として用いられたことは確かであろう。それだけに、わが国の実情と遊離した点も多く、いずれ改正は必至だった。

書籍館から図書館へ

文部大輔田中不二麻呂（先の米欧回遊使節団にも随行した）は明治九年に渡米して、教育事情を視察、アメリカの図書館についても報告を行い、アメリカ留学生監督の目賀田種太郎は、ボストン等のアメリカ公共図書館について、更に具体的な報告書（明治十一～十二年）を提出している。文部省の顧問として招聘された David Murray も『学監考察日本教育法』で図書館について触れ、その他お雇い外国人の建言などもあって、明治十年代には各地に書籍館が創設されていった。そして明治十二年の教育令において、「書籍館」の文字が初めて掲げられ、(5) わが国の教育制度の中に、図書館が漸く地歩を獲得するに至ったのである。

先に述べた文部省書籍館は、明治八年には東京書籍館となり、明治十年には東京府に移管して（西南の役等による出費多端が理由とか）、東京府書籍館と称し、明治十三年には再び官立に戻して東京図書館（ずしょかん）と命名、これが上野の森に移ったのは明治十八年のことであった。これが帝国図書館となるのは明治三〇年、「帝国図書館官制」が施行されてからのことで、その間、数次にわたる教育令の改正、大日本教育会書籍館（明治一九年設立）を範として各地に叢出していった教育会経営の図書館（その大半が後に現在の公共図書館の前身となる）、日本文庫協会（日本図書館協会の前身）の発足（明治二五年）等、わが国の図書館は、その進路を模索しながら目まぐるしく変貌を繰り返していった。

なお、本題からは逸れるが、図書館（ずしょかん）が、何時から「としょかん」と呼称されるようになったかについては、京都帝国大学図書館長も勤めた新村出が、「図書館と文庫」という未発表草稿[6]において、当人がしばしば「ずしょかんちょう」と呼ばれた経験も交えて、太政官の図書寮（ずしょりょう）、人名の図書（ずしょ）等で一般には馴染みのある「ずしょ」の呼び方が、明治二〇年頃以降も用いられ、大正期に入ると全く「としょかん」に統一されたと述べている。また、更に話は飛ぶが、樋口一葉が小説を書いて生計の足しにしようと志し、せっせと通い詰めて勉強した上野の図書館は、明治二四年前後の東京図書館（ずしょかん）であり、更に下って菊池寛が小説の「出世」のモデル及び舞台として描いた上野の図書館は、「明治四一年に上京して最初に行った所」とあるが、勿論これは帝国図書館になってからのことである。

日本文庫協会は、明治四〇年に『図書館雑誌』を創刊し、今日まで継続刊行しているが、これを手掛かりとしてフランスの図書館についての記事を探してみたが、次の二つの紹介記事しか見出せなかった。一つは、第三号（明治四一・六）の太田為三郎「巴里の市立通俗図書館」[7]で、内容はアメリカのワシントン州立図書館長 Bowerman が Library Journal（一九〇八・一）に掲載した「仏国漫遊中の観察録」の翻訳である。他の一つは、昭和九年に飛んで、ガブリエル・アンリオ執筆の「仏蘭西の通俗図書館―世界の公共図書館（二）―」[8]を編集部が翻訳し、「（一）英国の公共図書館」に続いてフランスの部を紹介したものである。文献資料の欠乏の時代に、何とかして世界の図書館に広く目を向けようとした、先人の苦労と努力の跡が偲ばれる。しかし文語体の翻訳であり、内容的にも、遣欧使節団の見聞録と大同小異で、ここに抜粋する程のものではない。

近代のフランス図書館に関する日本語文献を探る虚しい努力の中で、目についたものを列挙するならば、『太陽』という明治期の総合雑誌に、和田萬吉が「仏国弗蘭克林協会の通俗図書館奨励事業」[9]と題して、論文を寄せている。これは十九世紀の中頃、フランスで、民衆のための図書館事業と読書普及を目的として設立された、民間の篤志団体フランクリン協会 Société Franklin pour la Propagation des Bibliothèques populaires の活動をかなり克明に紹介したもので、しかも熱筆を奮っている。彼はフランクリン協会の篤志事業を賞賛した上で、次のように結んでいる。

蓋し書籍は無言の教師なり。種々の場合に於ては、有声の教師の不足を補ひ、又之に代用するに余あり。随ひて、良好なる図書館は良好なる学校に次で教育の一大機関たり。不幸にして我国には此機関殆と全く欠乏し、其無限の効用は十分に公衆に試験せられず。先覚を以て自ら任ずる者も、尚ほ且つ教育と言へば、必ず或る一定の年齢に終始し、或る一定の校舎、或る一定の時間に於てし、或る一定の課律を以てするものを指すと思ひ、未だ曽て言の図書館に及べるあらず。豈慨歎に勝ふべけむや。

然れども、識者無識者共に図書館の如何なるものなるかを識認する時期は早晩必ず来るべし。次で、彼等が国民教育の一大利器として通俗図書館の設置を希望する時節も亦必ず来るべし。此最後の時節の来らむには、吾人は此等の図書館の奨励保護拡張を政府に仰ぐべきか、将又一般国民に仰ぐべきか。余は此時こそ弗蘭克林協会の如き不覇鞏固なる団躰の後助を要むること定めて多かるべけれと予言するに躊躇せざるなり。

最後に、日仏間の図書館協力の歴史について触れておきたい。『フランス図書館・情報ハンドブック』[10]によれば、確認できる最も古い記録は、明治四三（一九一〇）年に東京帝国大学文学史料編纂掛が、『大日本史料』および『大日本古文書』を外務省を通じて欧米七カ国の十九機関に送付、その中にフランス国立図書館とパリ東洋語学校が含まれていたことに始まる。その後長いブランクがあって、帝国図書館の記録にフランスが恒常的な交換の相手国として登場するのは、昭和九（一九三四）年以後、数年間のことであり、第二次大戦によって消滅、これが再開されて本格的な国際交換が行われるようになったのは、国立国会図書館創設の昭和二十三（一九四八）年以降のことである。

おわりに

以上、明治期の文献でフランスの図書館についての記述を、目に触れた限り列挙してみた。まだこの他にも洩れているものがあることと思うが、随分苦労して漁った結果がこの程度の収穫で終わり、残念に思っている。大正、昭和期（三〇年代まで）についても、文献はますます乏しく、且つ断片的なものが多く、この分野については研究の空白を痛感するばかりである。筆者が『日仏図書館研究』に連載[11]してきたものを継承して、現在では日仏図書館学会のメンバーが丹念な書誌作成を続けており、その累積版[12]の編纂も数次にわたって試みられている。そこに収録された一次資料の総てに目を通すことも、近時俄に激増しているだけに困難な仕事になってしまったが、誰かがチャレンジしてほしいと思っている。研究者の増加に比例して、研究の領域も奥行きも広がりを見せており、より厚みのある日仏図書館研究と交流史の意義に期待が寄せられるからである。

注(1) 斉藤毅「西欧図書館知識の移入について(2)」『図書館短期大学紀要』第十一集　一九七六　十一〜三十二頁

(2) 福沢諭吉『西洋事情』和三編十冊　慶応二〜明治三『福沢諭吉全集』第一巻　岩波書店　昭和三十三

(3) 『特命全権大使米欧回覧実記』全百巻　五編五冊　明治十一　太政官記録掛　東京博聞社　復刻版　宗高書房　昭和五二〜五七

(4) 海後宗臣「仏国学制解題」『明治文化全集』第一〇巻　教育篇　日本評論社　昭和三　一四〜一八頁

(5) 「教育令」『太政官布告』第四〇号　明治十二年九月二九日

第一条全国ノ教育事務ハ文部卿之ヲ統摂ス故ニ学校幼稚園書籍館等ハ公立私立ノ別ナク皆文部卿ノ監督内ニアルヘシ

(6) 『図書』第二三一〜二三二号　岩波書店　一九六八・十一〜十二　五二〜五五頁、三六〜三九頁

(7) 『図書館雑誌』第三号　明治四一・六　一六〜二十三頁

(8) 『図書館雑誌』第二八巻第二号　昭和九・二　四九〜五三頁

(9) 和田萬吉「仏国弗蘭克林協会の通俗図書館奨励事業」『太陽』第三巻第二号　一八九七・一　一七九〜一八四頁

(10) 『フランス図書館・情報ハンドブック』〈日仏図書館研究シリーズ　No.2〉日仏図書館学会編・刊　一九八九　一八〜一九頁

(11)「フランス図書館関係文献目録[1]〜(3)」『日仏図書館研究会会報』No.2　一九七三　〜『日仏図書館研究』No.5　一九七九
『日仏図書館研究』No.6（一九八〇）より高橋一雄を中心とする研究メンバーの編纂により追録を連載

(12)「フランス図書館関係和文文献目録」「フランス公共図書館関係仏語文献目録（稿）」『フランスの公共図書館』〈日仏図書館研究シリーズ　No.1〉日仏図書館学会編・刊　一九八一　八三〜一一五頁

（『作新学院女子短期大学紀要』第一四号　一九九〇）

フランスにおける公共図書館と司書職の形成

はじめに

「民主社会は書物の生んだ娘であり、神の啓示書や貴族社会によって口述された法律書ではなく、著者たる人間が書いた書物の勝利である」と哲学者オルテガは述べている。[1]

フランス大革命を思想的に準備したといわれるディドロ、ダランベール等の『百科全書』に象徴される合理的精神の成果は、「知は力」であり、「真理がわれらを自由にする」ことを、これ程鮮やかに実証した事例は少ない。

公共図書館は、オルテガの論理に倣えば、書物がその出現をうながした民主社会を母胎として生み出された公的な産物であると言える。もちろん図書館そのものの歴史は古い。人類が文字を創造し、記録を伝え遺すことを開始したのとほとんど同時に、図書館は存在してきた。そしてその或るものは古くから、一般公衆に対しても、部分的にせよ、全面的にも、公開図書館として機能し、人類の知的遺産の継承と顕現の場として、大きな役割を果たしてきたことは事実である。

しかしながらそれらは、その所有者（王侯、貴族、宗教団体など）の恩寵ないしは篤志によるものであり、厳密な意味での公共図書館ではなかった。それは、書物そのものが本来具有する情報伝達の機能のゆえに、所有者の意志とは係わりなく、図書館は単に倉庫や保管所のままでは止まり得ない性格を、本質的に内包していたものともいえよう。

　フランスには古い歴史と伝統をもつ図書館が多く、ヨーロッパ最初の本格的な公開図書館といわれるマザラン図書館があり、また、その司書であったガブリエル・ノーデ（一六〇〇〜五三）の著書『図書館設立のための意見書』[2]は図書館学の古典としてばかりでなく、最初に公共図書館思想を述べた著作としても注目されている。

　しかしながら、いかに図書館の門戸が大きく開かれようと、そこを訪れるのは、本を必要とする知識人――つまり、文字が読め、学問を理解することができる上層社会の人々に限られていた時代のことであった。教育とは縁のない、文字も読めない大部分の一般民衆にとっては、本も図書館も無用の存在でしかなかった。

　フランスにおいて、結婚の際、書類に自分で署名し得た者の比率は、F・ブリュノによれば表のとおりである。[3]

年　代	男（%）	女（%）
一六八六〜一六九〇	二九・〇六	一三・九七

一七八六〜一七九〇	四七・〇五	二六・八六
一八一六〜一八二〇	五四・三五	三四・七四

署名可能ということが、直ちに読み書き能力を意味するものではなかったであろうし、ノーデの時代（十七世紀前半）の読書人口は、全国民の一割程度ではなかったかと推測される。少なくともノーデがその図書館に迎え入れた利用者は、書物を愛し、書物を求める学者や紳士であり、後の時代の公共図書館の司書たちのように、書物の保存と利用について、その二律背反的な悩みを深刻に経験することはなかった筈である。

次にこの表からだけでもうかがえるように、一七八九年の大革命以後、革命の指導者たちが民権思想確立のための基盤づくりとして、最も重視した教育政策——それは蹉跌と計画変更の連続ではあったが——によって、国民の識字率は倍増し、図書館利用の可能性をもつ潜在利用者が、国民の約半数を占めるようになった状況が見てとれる。図書館が公共の存在となるための条件が、漸くできつつあったと診断することができよう。

つまり、図書館がすべての人のためのものとして、すべての人によってその必要性が認められ、言い換えれば、社会的要請として公的にその存在が認められるに至るためには、公教育制度による識字率や基礎学力の向上と普及、基本的人権思想の確立、民主社会の実現等、図書館を必要とする利用層の拡大が不可欠の条件であったことを、歴史は語っているのである。利用者があってこその公共図書館であり、公共図書館成立の要因は一般公衆の図書館利用能力が先ず前提条件であった。

公共図書館 Public Library という概念はきわめてあいまいであり、しばしば一般公衆を対象とする図書館つまり通俗図書館や一般公開図書館といった程度の理解がなされがちである。特にわが国では昭和二五年に公布された「図書館法」において、地方公共団体が設置するもの（公立図書館）と、日本赤十字社、又は民法第三四条の法人の設置するもの（私立図書館）とを含めて規定しており、この法律が上程以前の検討段階で「公共図書館法」（案）であったいきさつからして、私立図書館も公共図書館 Public Library であるかの如き誤解を生んでいる。また欧米諸国においてすら、国情により、またその発展過程で公共図書館の概念規程は微妙に相異があることもたしかである。しかし今日では、その標準的な定義として、ユネスコの「公共図書館宣言」(4)が格調高く宣明しているように、「明らかな法的根拠に基づいて設置・運営され、経費の全額または大部分が公費でまかなわれ、地域社会の成員すべてに対して平等に公開される」図書館という国際的な共通理解が定着している。つまり公共図書館は「人民のための、人民による民主的な機関」であり、支配権力の象徴としての宝物庫でも、また宗教団体や篤志家による慈恵施設でもなく、自らの手で書物を生み出し真理と叡智を武器として、自らの手でもたらした民主的市民社会を基盤とする、知的由由の砦であるということができる。

それと同時に、司書という職業が、単に図書館の専門的な仕事を担当する人というだけでなく、社会的に必要な公的職務として、その存存が公認されるに至るのは、図書館自体の公共性が確立し、法的な根拠をもつ機関としてその位置を築いてからのことであった。

本稿においては、司書という職名を、その時点の前後を区別することなく、図書館員という意味にも、法的な規程に基づく専門職の意味にも、混同して用いているが、これは司書職像の変容過程をたどる意味合いから、敢えて意図的にそうしたものである。

一　図書館と司書の変容

一四五〇年代にグーテンベルクの発明になるとされている印刷術の出現は、書物の生産と情報の伝達とを、それ以前とは比較にならないほど拡大した。各地に図書館の設立が相次ぎ、既成の図書館もまたその蔵書量を一挙に増大させていった。

それまでの司書は、図書館の財産管理人であるとともに、その腕のふるい所は、専ら書物を集めること（収書）にあった。稀少な手書き写本を各地に求め歩き、或いは写字生を監督したり、自らもまた写本にたずさわるなどして、蔵書の充実に努めることが主要な仕事であった。

印刷術の普及によって、書物が増産されるようになると、増え続けるコレクションを整然と管理するために、合理的な分類法を考案したり、きちんと目録化したりする資料整理の仕事に、司書の技量が発揮されるようになっていった。

いずれの時期においても、文献の世界に精通する学識こそは司書たるものの必須条件であり、博識と記憶力——つまり生き辞引きであることは、司書にとって最高の誇りであり、満足でもあった。コレクションの質と量と、その整備状況は、図書館の値打ちの尺度であり、書物の神殿に仕える司書は一種の聖職として、時には独身の男子であることが要件であったり、他との兼職が禁じられたりした時期もあった。メートル・ド・ラ・リブレリ（文庫の主）という役職が、博学をもって鳴るギョーム・ビュデ（古典学者　一四六八〜一五四〇）のために、フランス王室の図書館に設けられた。図書館は「百学連環（エンサイクロペディア）」の館であり、ここでは有徳の士（オネットンム）はすべてにまさる理想とされた。司書職には、ピック・ド・ミランドール（イタリアの学者。該博な知識で傑出していた。一四六三〜九四）のような資質が要求され、その理想像にかなうと見なされた何人かの司書が、半ば伝説的に語り伝えられている。フィレンツェのコモ三世大公の司書であったアントニオ・マグリアベッチ（その収書は後のフィレンツェ国立図書館の基礎を築いた。一六三三〜一七一四）は、その驚嘆すべき記憶力と文献精通において、後世まで語り草となった。

それ程の天才を賦与されなかった他の多くの司書たちは、記憶の代わりに助けを借りる救済手段として、目録にくふうを凝らすようになった。財産台帳としての目録でない、検索用の書誌・目録の進歩が、このようにしてもたらされた。

十七世紀になると、イギリス、フランス、イタリアなどにおいて、ほとんど時を同じくして、文芸・学問の後援者たちによる公開図書館が出現した。イギリスではトマス・ボドレイ卿（一五四五〜一六一三）のボドレイ図書館、イタリアでは、フェデリコ・ボロミニ枢機卿（一五六四〜一六三一）がミラノに築いたアンブロジアナ図書館、そしてフランスでは、マザラン枢機卿（一六〇二〜六一）がパリに設立したマザラン図書館である。

そうした風潮の原因として考えられることは、活字印刷の必然的結果としての図書の量産化、学問の普及、図書館規模の拡大、向学者の探求訪歴の頻繁化、学者・知識人を優遇することへの栄誉感、博愛慈恵の悦び、愛書家の収集成果の誇り等々、時代的な要素が複合的に下地をなしていたのであろう。そして何よりも注目すべきことは、自らも学者として文献探索の苦労を経験した司書が、その図書館の運営にたずさわり、その所有者を説得して理解を得るとともに、一種の使命感をもって、利用の観点からの図書館経営を行うに至ったことである。管理と資料整理が主な仕事であった司書の職務に、利用の視点が導入されることによって、図書館は閉ざされた図書館から、開かれた図書館へ、そしてやがては公共の図書館へと、大きく方向を変えてゆくことになる。そしてその推進の原動力となり、蔭の尽力者であったのが、使命感に目覚めた司書たちであった。

二　ノーデの公共図書館思想

ガブリエル・ノーデがマザラン図書館の設立をまかされた時、四二歳の働き盛りであった。

ノーデの図書館経験の第一歩は、医学を学ぶ学資をまかなうために、パリ市のド・メーム議長の私設図書室の整備にあたったことに始まる。ここに出入した人たち――後のヴァチカン図書館長ホルステニゥス、パリの貴族の図書室の司書をしていたデュピュイ兄弟などと知りあいになったことも、彼の図書館思想を形成する上で何らかの影響があったものと考えられる。

ノーデは医学の勉強を続けるために、ヴァチカン共和国の学問の中心地パドゥア大学に赴き、旅行中に知ったイタリア各地の図書館の見聞や、彼の図書館経験から結論づけられた図書館思想を、一六二七年、『図書館設立のための意見書』として刊行し、恩顧を受けたド・メーム議長に献辞をささげている。そこで彼が提唱している、万人に公開され、すべての学術・科学に関する主要著書を網羅的に収集した百科全書的図書館は、当時まだフランスには存在しなかったし、彼はこの本を書いてから後十五年間も、イタリアの貴族邸の司書兼秘書として苦学を続けねばならなかった。

マザランという理解者をパトロンに得たノーデは、その図書館思想と夢とを、思いきり実践に移すことになったのである。彼は、それまでに自分がなめた経験から、学者たちが既存の図書館を使うにせよ、自分で文献を集めるにせよ、その直面する困難を知りつくしていた。書物は高価であり図書館の門戸は狭く、しかも蔵書は持主や司書たちの気まぐれによって内容も限られており、数も豊富といわれるところで数千冊にすぎなかった。或る図書館の司書たちは「ねずみのために」蔵書を保管しておくことを好み、断固として写本を許可しなかった。

ノーデの考えによれば、古代、中世における図書館の多くが、帝王あるいは王侯としての栄光をねらいとするものであったが、図書館の真の栄光・名声を後世に残すものは、広く利用者がその恩恵に浴し、未来にまで賞讃の的となることにこそある。そしてまた、図書館があらゆる文献——対立する意見の書や異端書まで含めて——を網羅的に集めなければならないのは、学者というものは「健全な懐疑主義」を志すべきだからであった。それは彼の定義によれば、「真理を探究する道を照らすために常にたいまつを支え持っていなければならない公正さ」のことであった。そして図書館の仕事、つまり司書の職務として、収書、選択、排列、分類などの規準の設定を試み、七つの基本的な分類（後に十二に増された）を示している。

「図書館を整備するのに、或る一定の基準と整理方法が確立されていなかったなら」、とノーデは述べている——「いかなる種類の本にしろ、本のコレクションは、それが五万冊であっても、ちょうど三万人の人間の集合を軍隊と呼ぶに値しないのと同様、図書館の名に値しない。」(5)

また、書誌 Bibliographie という用語を最初に用いたのもノーデであって、資料検索のツールの整備を、司書のなすべき最も重要な仕事としていることも、図書館を利用の観点から把えていたからこそである。ノーデが司書として際立っていたのは、図書館の本質を、まだ十七世紀前半の秘蔵文庫時代に、現代の図書館の定義と同趣旨の、あらゆる文献資料を収集し、整理し、保存して、学ばんとするすべての人に門戸を開く、という利用面を重視した見方をしていた点においてである。しかも司書としての実践において、彼の持論がさらに明確に実証されたのであった。

図書館の生命である図書の収集のために、ノーデの東奔西走はめざましかった。書店や出版業者の庫はノーデによって買い漁られ、個人の蔵書が手放されるニュースが入ると、いち早くノーデの姿があらわれて、めぼしいものをことごとく手中に収めてしまった。伝説として、ノーデは常に一メートルの杖を所持していて、本を買う時は冊数ではなく、メートル買いをしたといわれている。年給二百リーブルの低い待遇にもかかわらず、ノーデの買い物は大きかった。リモージュの僧会議員の手放した八千冊のコレクションは、マザラン図書館の基礎を固めたものであったが、ノーデ

ノーデ肖像

がこれに支払った価格は二万二千リーブルであった。

そして一六四三年、マザラン図書館はフランス最初の総合的な公開学術図書館としてオープンした。ノーデは引き続いて蔵書の充実のため、驚くほど精力的に、外国にまで収書の旅を続けた。一六四四年七月にはフランドル地方に、一六四五年から翌四六年三月まではイタリア各地をめぐり、一万四千冊、価格にして一万二千フランの図書を買い集め、次の二年間はヨーロッパに猛威をふるった三十年戦争にもかかわらず、ドイツ、オランダ、イギリスに足を延ばして、四千冊の図書と八百五十冊の写本を、六万五千フランで買い入れてきた。

さすがの枢機卿にとってもこの金額は莫大な出費だった。しかし今やマザラン図書館の蔵書は四万五千冊に及び、質量ともに国王の図書室をもしのいで、ヨーロッパ随一の充実した図書館として、公開の日(毎週木曜日)には、八十人から百人の学者たちが必ずここで勉強していた。彼らのうちには遠く外国から訪れる者もあり、その筆頭はオランダの哲学者ユーゴー・グロティウスで、次いではスエーデンのピエール・ガッサンディ(デカルトの好敵手として知られる哲学者)、その他歴史に名を留めない無数の学者たちが、この図書館の恩恵に浴していた。ノーデは個人的には知らないノルマンディーの新教徒の牧師に、珍しい写本を貸すことも躊躇しなかった。マザラン図書館は原則的に貸し出しをしない、枢機卿の個人財産なのであるが、紛失した場合は自腹を切る覚悟で寛大な措置を大胆に行っていた。ノーデは自分の職業の重要な使命を忘れることができなかったし、自分の援助を必要とする、どんな貧しい学者をも失望させることができなかった。

こうした良心的な学問の世界と無縁なところで、破局の日が近づきつつあった。フロンドの乱によりマザランは失墜し、フロンド党員は一六五一年三月、マザランの個人財産を没収し、翌五二年十二月、邸宅、図書館、その内容物の一切を競売に出してしまった。生涯の情熱を傾けてつくりあげた図書館が崩れ去ったとき、ノーデの生命もまた燃えつきてしまった。

マザランの名は冠していても、それは単に一貴族の所有物であることを超えて、人類の文化遺産を万人に公開し、学問の進展につくしてきた、自由と良識の城でもあった。誰よりもこの図書館の存在意義の大きさがわかっていただけに、誰よりも大きな絶望がノーデの身も心も打ちのめした。

一六五三年七月二九日没。五三歳の短い生涯であった。

三　公共図書館の黎明

ノーデの図書館思想は、フランス国内ばかりでなく、外国の図書館員たちにも直接、間接に影響を与え、各地の私設図書館がマザラン図書館にならって一般公開されるようになった。

ヴォルフェンビュッテル図書館長ライプニッツ（一六四六〜一七一六）は、同時に哲学者、歴史家、数学者でもあったが、ノーデの著書に啓発され、かつそれを実践した第一人者であった。P・ルイ・ジャコブ（一六〇八～七〇）、クロード・クレマン（一五九九～一六四二）等の学者による図書館に関する著書(6)もノーデの図書館思想と無縁ではなかった。

フランス国王の王室図書館は、もともと王のための私的な文庫にすぎなかったものが、マザランの推挙を受けて宰相となったコルベール（一六一九～八三）の尽力と、納本制度(7)などによって飛躍的な増強を続け、マザランの大邸宅跡に移転してからは、マザラン図書館に代わって、公開図書館の役割を果たしてゆくことになった。コルベール自身も愛書家で、自分の図書室の司書としてエティエンヌ・バリューズ（一六三〇～一七一八）を雇っていたが、バリューズもまた歴史家であり、本のコレクターでもあり、そしてライプニッツやクロード・クレマンとも交友関係にあり、ともにノーデの精神の継承者であった。

コルベールの文庫も、バリューズのコレクションも、後に王室図書館に収められ、またオルレアン公その他の諸侯の文庫も、ルイ十四世の威光の下に次々と吸収されて、王室図書館はヨーロッパ随一の蔵書を擁する国家的な性格の図書館に成長するに至った。一七二〇年十月十一日付の法令は、次のように定めている。「王の図書館は、すべての学者、すべての国民に対して、王の図書館が別に指定する日時において、いつでも公開される。……学者に許される前述の入館以外にも、図書館は一般公衆に対して、週一回、午前十一時から午後一時まで公開されるであろう。」

一方、地方においても修道院や学校などにおいて、或いは文芸擁護者の寄贈・遺贈をもとにして、市町村に公共図書館が誕生していった。アベビル（一六四三年）、トロワ（一六五一年）、ブザンソン（一六九四年）、ナンシー（一七五〇年）、ナント（一七五三年）、グルノーブル（一七七三年）、ペリグー（一七八二年）、トゥールーズ（一七八三年）等、フランス革命前に設立された市町村図書館の数は四十三あるが、[8]いずれも特定の時間を限って学者、愛書家などに公開されていたものであった。そのうち、市町村のイニシアチブに基づくものは、わずか四館[9]を数えるにすぎないが、公共図書館の萌芽をうながす土壌が、漸く形成されつつあったことが観取できる。それは革命思想の基盤の醸成ともつながる、社会的な変革を予告する潜在現象でもあった。

一七八九年の大革命は、アンシャン・レジームのすべてを根こそぎ倒し、王室図書館は国民の手に収められ名称も国民図書館 Bibliothèque Nationale と改称された。革命の指導者たちによって、公教育制度の組織化がさまざまに真剣に、構想された。「人間は、自由かつ平等な権利をもって生まれそして生存する」という言葉で始まる人権宣言に象徴される、基本的人権の行使能力を実現させるためには、これまで僧職が独占してきた教育を国民の手に奪還して、公教育による啓蒙が焦眉の急として必要だったからである。「教育はパンの次に民衆にとって重要なものである」（ダントン）という考えの下に、さまざまな改革案が論議された。彼等は、図書館を公教育の一手段とするよう、革命会議に提議した。タレイランは、すべての年齢、すべての人々のための公教育が組織されねばならないとして、とくに文化のセンターとしての図書館の設置を提案した。ついで立法議会で法案の作成と報告の任に当たったコンドルセは、生涯にわたる教育の重要性を力説し、成人のための公開講座や図書館、博物館の設置を構想した。

多数の市町村立図書館が、大革命を契機として誕生した。それまで市町村立となっていなかった図書館も、その設置者が地方公共団体となった。その設立をうながす直接の動機となったものは、教会や亡命貴族の蔵書を国有財産化し、その押収図書を各地区の記録保管所に集結して、その目録作成と保管に当たるべきことを指示した、さまざまな政令や訓令であった。押収図書の冊数は、パリで百六十万冊、地方では八百万冊に達し、[10]この溢れるような図書の堆積が、具体的なイメージを伴って図書館の必要感と設置気運を一挙にうながしたのであった。

「押収図書は国家の財産を形成し、その所有権は国民に帰する」[11]とされたこの図書群を基幹コレクションとして、フランスの公共図書館は各地に、次々と誕生していった。共和暦十一年雨月八日（一八〇三年一月二八日）付の法令は、押収図書の寄託館となった図書館を各地方行政機関の監督下におくことを定め、約百五十の市町村の設置規程の原点となったものであるが、革命直後の寄託館構想はもっと壮大なものであった。全国五百四十五のディストリクト（地区）に各一館の公立図書館を設置する案（共和暦第二年）、全国に県立中央学校を設立し、これに公立図書館を付設する案など、指導者の変わる度に計画もめまぐるしく変更されて、結局は実現を見なかったが、公教育制度と図書館を二本の柱として、国民のあらゆる階層、すべての年齢を対象として啓蒙を図り、知的覚醒によって民主社会の基盤を固めようとした意図は、明らかに近代公共図書館思想の形成をこの時期に観取することができる。

ついでながら、図書館史上に注目すべき二つの事例を、革命政府の図書館政策は遺していった。その一つは、フランス総合書誌の編纂事業であり、もう一つは、この事業の過程で、標準規格を定めたカードを目録作成に初めて使用したことである。

全国に分散保管されている寄託図書を、目録化して中央に集め、全国総合目録を作成する事業は、革命政府の合同委員会において、ドルメッソン Anne-Louis-François de Paule Lefèvre d'Ormesson（一七五三～一七九四）の提案に基づいて推進された。総合書誌 Bibliographie générale という用語が現在での意義どおりに使用され、各地に保管されている、各種の著作のすべての指示と、各県番号の指示を記載した総合書誌の範例を、ヨーロッパで最初に示すという作成意図は、総合書誌の効用と目的を明確に認識した国家的スケールでの壮大な事業であった。目録作成の知識にも欠けるディストリクトを督励して、詳細な目録規則（いわゆるフレンチコード）を定め、何度も訓令や指示督促を発して、全国を総動員してこの事業は推進されたが、残念なことに完成を間近かにしながら、革命政府の方針変更による一片の通達により、未完成のまま挫折してしまった。しかしながら、国を挙げての書誌編纂事業の遂行の過程で、これに参加した人たちの中から、多くの熱意ある司書や書誌学者を輩出することになり、フランスが後に書誌王国とよばれるに至る素地は、この結実しなかった未曽有の難事業の遺産であったとも言えよう。それとともに、目録の作成や図書館の仕事には、専門家が必要であることが、この事業の推進過程で、多少とも社会的に認識を広めたことは、司書の専門職化への道程において、一つの確実な地歩を占めるきっかけとなったに違いない。

次に目録作成に関する詳細な訓令の中で、一冊ごとにカードに記入する方法と、その記述の条件を指示し、また使用するカードの大きさを統一するため、トランプ・カードそのものを使用するよう勧めた独創的な試みは、後世の図書館目録標準カードの原点と見なされている。記述に多くのスペースを必要とする図書のためには、トランプのエースや数の少ないカードで余白部分の多いものを使用するなど、興味深い目録規則であるが、本稿の主題からはそれるので、これについて寺田光孝氏の詳細な研究発表[12]があることを付記して、次に移りたい。

四　公読書 Lecture Publique 理念の形成

フランス革命は多くの独創的な構想の母胎とはなったが、その後に続く政体の変化がめまぐるしく、せっかく芽生えかけた公共図書館思想も、結実を見ることなく、未成熟のまま長い低迷の時期を過ごさなければならなかった。図書館の輝やかしい歴史をもつフランスが、公共図書館に関する限り著しく不振であったことの理由はさまざまに考えられるが、主な原因として次の三点をあげることができる。

その第一点は、地方主要都市の市立図書館が、革命時の押収図書の寄託図書館として発足したため、国の管理の下に種々拘束を受け、地域住民への奉仕活動よりも、光栄ある国家財産の保存や管理が優先しがちであったことである。これらは国の指定図書館として、館長や幹部職員は国家公務員が発令された結果、その運営の規範を伝統的な大図書館に求め、無批判にその性格が踏襲された。地方中核都市の市立図書館こそは、市民への図書館サービス活動の先駆的役割を果たすべき筈のものなのに、なまじ国の指定図書館なるが故に、市民生活と乖離したまま、長く学術図書館的な性格を維持し続けてきた。

第二点は、司書の学術図書館志向の気風である。貴重な資料には違いないが、寄託図書は一般市民とは縁遠い古文献である。それを求めて訪れる学者や愛書家を珍重し、一般市民の求める「低俗な」小説類は、図書館からはじき出され、市民からますます疎遠な図書館となっていった。学者や文人が、司書という職務に就いてきた伝統が、書物がもはや財宝ではなくなった新しい時代になっても、或る牢固とした司書職像を形成していたことは、一面不幸なことであった。

第三点は、フランスの地方自治体の特殊事情に原因する。つまり地方行政の基本的な単位であるコミューン Commune（日本のように人口規模による市町村の区別はない）は、全国で3万六千余もあり、人口五千以下の自治体が八十八％を占め、さらに二百人以下という小村落の自治体が全体の三分の一近くもある。この過疎現象と小規模財政が、地方における公立図書館成立条件の致命的な障害となっていたのである。

こうして、市民とかけ離れた存在として、公立図書館が不振と低迷を続けているうちに、一方産業革命の影響による社会の変革は、別な形の図書館を生み出していった。労働者の抬頭、科学技術の進歩に適応し得る有能な職工養成の必要性などに迫られて、勤労者のための図書館が、私的なイニシアチブによって各地に設立された。民衆図書館 Bibliothèque Populaire がそれである。

一八六一年、パリの印刷工によって創立された教育友好会 Société des amis de l'instruction は、いくつかの区に図書館を開設し、さらにパリ以外にも輪をひろげていった。貧困プロレタリアートの都市集中現象や、暴動や道徳的頽廃に悩むパリ市は、これに助成金を出して奨励した。翌六二年にはフランクリン協会 Société Franklin が設立され、以後四十年以上にわたって会報を発行し、選書リストや専門技術的情報を提供し、書店のサービスを組織化して、図書や現金を寄付して民衆図書館の開設を奨励し、援助した。

東部フランスではジャン・マセ Jean Macé がオー・ラン県図書館協会を一八六三年に結成し、フランクリン協会を模範とした活動組織を編成した。彼はさらに教育同盟 Ligue de l'enseignement を設立し、民衆図書館の設置をその計画中にもりこんだ。

こうした民間からの図書館設置運動の盛り上がりは、反面、公立図書館が民衆にとって無縁の存在であったことの実証でもあった。公立図書館もこれに刺戟を受けて、オー・ラン県では八十三の市町村立図書館が開設されたりしたが、大部分はこの動きの圏外で眠り続けていた。当時の指導者にとっても、一般民衆にとっても、図書館とは学問の殿堂という固定概念があったこと、つまり公共図書館思想はまだ成熟していなかったことを物語るものであろう。

事実、二十世紀に入ってからも、フランス図書館員協会の会長も勤めたウジェーヌ・モレル Eugène Morel は、図書館における保存と教育という両機能を根本的に区別する考えを示し、図書を保存する任務をもつ機関には図書館 bibliothèque という用語をあて、図書を読ませるための機関には公共書籍館 librairie publique という用語をあてることを提案している。[13]

もちろんモレル自身は卓越した司書であり、英米の公共図書館思想をフランスに導入した先覚者でもあった。フランスにおいては「図書館」という用語は、彼の目にすらも牢固として変革しようもない要塞や古城の如きイメージが定着してしまった以上、新しい時代が必要とする、新しい利用者を迎える施設には、図書館という呼称はふさわしくない、という発想に基づくものであった。

前述の民衆図書館は、世論の絶大な支持を受け、また公権力のサポートも得て、一時期は爆発的な発展を遂げた。フランクリン協会は五千館の民衆図書館と提携して活動を展開し、国の補助を受ける民衆図書館は三千館にものぼった。にもかかわらず、この運動は急速に衰退していった。アメリカやイギリスなど、アングロ・サクソン諸国では、民間の読書運動が公共図書館の設立へと発展していったのとは対比的に、フランスにおいては、そうした進路をとったものはごく少数で、大部分が短期間で消滅していった。これをフランスの後進性によると片附けてしまえばそれまでであるが、民衆図書館の失敗は、実はそのスタートの時点で、既に挫折の要因をはらんでいた。

この運動は、若干の労働者階級の活動家も含んではいたものの、大方はブルジョワジー指導層による啓蒙的な事業であり、財閥や上流階級の後援によって、全国各地で支配層からの恩恵として与えられた、というのが本質であった。選ばれ備え付けられる図書も、教化的政治的色彩が濃厚で、ブルジョワジーが庶民に対する道義的義務感と警戒心で構成された蔵書は、やがて大衆に飽きられ、見放される結果を招くのは当然のことであった。

しかしながら民衆図書館の出現という現象は、図書館が一部有識者のためだけに存在すればよかった時代が、完全に終ったことを意味した。そして公教育 instruction publique という言葉の対語として、公読書 lecture publique という用語が、はからずも前述のモレルによって使用され、この言葉がやがて新しい時代の図書館の機能を表現する公用語的性格を次第に形成していったのである。

公読書委員会 Commission de la lecture publique が創設され、一九三一年アルジェにおいて、フランス図書館員協会の主催で、公教育大臣の出席も得て、「公読書」に関する国際会議が開かれた。あまりなじみのない「公読書」という用語に対する反響は、当初まったく低調であったが、次第に使用頻度が増すにつれて、フランスの古い図書館思想からの脱皮を象徴する言葉として、ニュアンスの濃い、多義的な使われ方をするようになっていった。公読書振興協会 Association pour le développement de la lecture publique が一九三六年に結成され、諸外国の公共図書館活動の実例を紹介し、フランスにおける振興策を説いた。政府からの助成金も得て、一九三八年にはマルヌ県にブックモビルの運行も開始した。公読書の組織化に関する法律制定の要望も高まり、国家レベルでの図書館に関する中央部局の創設が強く求められた。もし第二次大戦がなかったなら、フランスの公共図書館は、この時点で大きな転換を果たしていた筈であった。

一九四五年、終戦を待ちかねたように、図書館行政の抜本的な変革が行われた。八月一八日付の政令により図書館・公読書局 Direction des bibliothèques et de la lecture publique が文部省に設置されたことである。その後一九七五年の行政機構再編による解体までの三十年間における、著しい図書館の伸展と改革は、この長い名前の局が成しとげた業績であるが、本稿においてその経過を辿る余裕はない。図書館局というだけでなく、なぜ図書館・公読書局でなければならなかったのか、ということが最も注目されるところであり、本稿の主眼もここにある。「公読書」という言葉は行政機関の正式名称に用いられ、公的な用語としての地位を確保した筈なのに、今日の如何なるフランス語辞典にも未だ収録されていない。歴史の浅い言葉であるとともに、その意味も多義的に使用され、図書館という機関の別称、またはその新しい在り方を示した言葉としても用いられ、また図書館の使命とする機能そのものを指す言葉（読書普及の類）としても用いられている。

この用語については、フランスの図書館員の間でも異論や疑義が多く、[14]にもかかわらず用語そのものが流布し、しかも実質的に図書館改革の推進指標的な役割を果たしてきたことは、新しい図書館像の構築を強く求める心情において、図書館界に共通して切実なものがあったからであろう。フランス語の図書館 bibliothèque という言葉は、ギリシア語に発し、ビブリオン（本）のテケ（箱——置き場所）の意であり、日本語の図書館とまったく同義である。本の保管所としてのイメージを長く引きずってきたことへの痛烈な反省と焦燥に駆られるフランスの司書たちが、公読書 lecture publique という言葉に託した願いや祈りに似た気持は、いきおい多義的にならざるを得まい。新しい図書館が当然具有しなければならない活性や社会的使命の意義も内包し、公教育と同根の発想において、すべての人々の、あらゆる種類の読書を、国や公共団体の当為として保障・推進すること、及びその機関とでも解釈できようか。それはとりもなおさず、ガブリエル・ノーデが三百年前に発想した公共図書館思想の、今日的な継承・顕現であることを直観するとともに、司書とは未来への確信のまなざしをもって、熱い思いを書物と人とのかかわりあいに対して抱き続ける人のこと、との実感を深くするのである。

本稿では、司書という専門職の社会的認知の過程についても、その制度化、養成方法の変遷も含めて触れたかったが、すでに紙数も尽きてしまった。公読書理念の形成は、司書＝書物の専門家という静的な概念にも、変革を迫らずにはいない。アニマシオン animation（図書館活性化）という、司書養成課程で重視されている、フランス独得の司書資格単位との関連にも照明をあてて、別稿として改めてとりあげてみたい。

注
(1)『オルテガ著作集』第八巻　三一二頁（「司書の使命」会田由訳　白水社　一九七〇）
＝一九三四年　パリで開催された国際図書館会議の際、フランス語で行った記念講演。
(2) NAUDE, Gabriel. *Advis pour dresser une bibliothèque.* 1627.
(3) 桑原武夫編『フランス百科全書の研究』岩波書店　一九五四　一四頁
(4) UNESCO *Public Library Manifesto.* 1949.
As a democratic institution, operated by the people for the people, the public library should be: established and maintained under clear authority of law: supported wholly or mainly from public funds: open for free use on equal terms to all members of the community,

regardless of occupation, creed, class, or race.

(5) NAUDE, G. *Advis pour dresser une bibliothèque*. Chap.VII.

(6) JACOB, P. Louis. *Traité des plus belles bibliothèques publiques et particulières*. 1644.
CLEMENT, Claude. *Musei sive bibliothecoe instructio*. 1635.

(7) 一五三七年、フランソア一世が「モンペリエの勅令」によって、国内で刊行される本を一部は必ず、王のコレクションに加える目的で、納本制度を創始した。

(8) マソン、サルヴァン著　小林宏訳『図書館』白水社　一九六九　九六頁
Répertoire des Bibliothèques de France. II. Bibliothèques des Départements. Bibliothèque Nationale, 1951.

(9) RICHTER, N. Histoire de la lecture publique en France.（*Bulletin des Bibliothèques de France*. Vol.11, No.1, 1977)

(10) 前掲書(8)　五四頁

(11) 共和暦二年（一七九三年）、革命指導者グレゴアール司教（一七五〇〜一八三一）によって示された原理。

(12) 寺田光孝「フランス綜合書誌と The French code, 1791—フランス革命と近代図書館の出現(1)」『図書館短期大学紀要』第一六集　一九七九　五五〜六九頁

(13) MOREL, Eugène. *Bibliothèques, essai sur le développement des bibliothèques publiques et de la librairie dans les deux mondes*. Mercure de France, 1908. 2vols.

(14) RICHTER, N. 油井澄子訳「フランスにおける lecture publique の歴史」『図書館界』第三十一巻第四号　一九七九
アリス・ギャリグ「フランスの公読書」『フランスの公共図書館』日仏図書館学会　一九八一
ノエ・リヒター　波多野宏之訳「公読書（lecture publique）の歴史・序説」『現代の図書館』第二十一巻第二号　一九八三

（『作新学院女子短期大学紀要』第七号　一九八三）

フランスの図書館に学んで

一

私は一九六四年度のフランス政府給費技術留学生 Boursier coopération technique du Gouvernement Français として、同年十一月から一九六五年七月まで、パリの国立高等図書館学校に籍をおいて、国立パリ図書館及び地方のいくつかの公共図書館において研修を行ったので、その概要について述べてみたい。

わが国においてはフランスの図書館事情はあまり知られず、ことに公共図書館の立場での国際交流は今まで全くなかったので、その実情を紹介することは一つの責務と承知するものの、それぞれの国にはそれぞれ固有の背景と歴史があり、その上にたってその国独自のやり方が行われているのであってみれば、その歴史的必然性を無視して、単にフランスの図書館現象の表相をとりあげてみても無益に等しいであろう。私が旅立つ前のひそかな念願は、日本の図書館がどうあったらよいのか、わが国の特殊事情をふまえた上で、その独自のあり方を探ることにあったし、異国の土を踏みながら私が考えていた問題の中核もまた、このことにほかならなかった。事実、日本とはちがったやり方、考え方に触れるたびに、改めて日本の図書館の姿が、好むと好まざるとにかかわらず思い浮かび、考えあわされ、国を出るということは自分の国を改めて見直すこと、というのは本当だと痛感した。

八カ月足らずの研修で、フランスの図書館のすべてを学びうるはずもないが、彼にあって我に欠けるものは何かと私なりに痛感することは、それは図書館の理念、そして図書館の仕事に対する国民の信頼感（さらに図書館員自身の信念）であろうか。

フランスの図書館に学んで

今回は多くのスペースもないので、図書館業務の具体的なことについては別の機会にゆずることにして、私がフランスの図書館の中に入って、特に感じたことどもを中心に述べてみたい。ひとくちにいって、今日の日本の図書館が当面している問題は、外国の図書館のあり方をそのままとり入れるようなことによって解決をみるはずもないことは当然ながら、熱心さとよく仕事をする点にかけては、どこの国にもひけをとらぬ日本の図書館員は、そのおかれている立場から、とかく図書館を性急な目で見がちである。アクティヴな活動ぶりや斬新な図書館運営などに関心が傾きがちで、目だたないじみな努力の長い積み重ねというようなものは見落としやすい。私自身もその例に漏れなかったであろうし、また解決しなければならない問題をいっぱいかかえたわが国の図書館の現実を思えば、それも当然なのだが、三百年の歳月がしみこんだパリ国立図書館の黒ずんだ建物に毎日通っているうちに、私は自分自身の気負いが愚かしく哀れに思えてきた。——ヨーロッパにおける百年に相当する仕事を十年でなしとげ、十年の歩みを一年で…… 戦後日本の図書館の歩みは、たしかにめざましいものがある。その歴史が浅いだけに、追いつけ、追いこせという焦慮も努力も当然のことながら、図書館の仕事は息を切らせ力みかえって、これにあたるべきものではあるまい。百年、二百年の先をじっくりと見据える目を忘れては、しっかりした図書館の基礎も計画も固まらない。私たちの目の前に、二百年もの蓄積を経た図書館が現に一つも存在しないことのために、私たちはそうした図書館の長い積み重ねの果てに期待すべき何ものかに対して、なかなか現実感ももてないし、それを確信しようとしてもなお、焦慮やみがたいものがあり、それは日本の図書館に身をおく者の、良心の証として不可避のものなのでもあろうか。ただ、自分の仕事に熱中する者が陥りがちな、性急な目で図書館を見ることだけは深く自戒しなければなるまい。

利用者の訪れを待つだけの図書館から動く図書館、働きかける図書館へ、というような我々の耳に快い言葉が、あまりにも表面的な意味で通用しすぎて、何がしか始終動きまわり、新しげなことを打ち出していないと安心できないような、目前の事象にだけ関心をうばわれがちな、逆にいえば、本当に図書館らしい地味な基礎工事に、じっくりと自信をもって取り組んでゆく信念を欠いた図書館界の風潮があるとするならば、フランス図書館のあり方は、私たちの少し熱っぽすぎる頭を冷やし、図書館がただ存在し、その仕事をじっくりと積み重ねてゆくということが、人類の文化を伝え守り、推し進めてゆく上で、まぎれもなく果たしてきた役割を納得させ、静かにその仕事への信念を深めさせてくれることだろう。

二

国立図書館学校と Bibliographie

フランス滞在中、私の指導教官であったポール・サルヴァン女史は、文部省図書館局の専門職員養成を担当する責任者で、国立高等図書館学校 Ecole Nationale Supérieure de Bibliothécaires の校長兼務者でもあり、この人の立てた実習計画に従って、私はこの学校に籍をおいて、図書館学の講義・演習に参加しながら、随時、パリ国立図書館やその他の図書館関係施設での実習・見学等に加わることになった。

この学校はパリ国立図書館のすぐ隣に、一九六三年に新設されたもので、図書館界の新しい要望にこたえうる高度の専門家を養成するため、大学卒業者を入学資格とし、修業年限は一年間、ことに半数は科学部門の専攻者を集め、ドキュメンタリストとして十分に能力を発揮できる上級司書の養成にポイントがおかれている。十一月中旬、私がパリに着いた頃は、既に新学年の講義も始まっていたが、文部大臣の都合で延び延びになっていた開校式が、その二、三日後にあり、その日は白バイを連ねて大臣が来校し、国立図書館の首脳も生徒の数を越えるほどたくさん列席して、図書館の未来を担う学生たちに訓示を与えて激励した。新設されたこの学校の使命に対

国立図書館学校（左）とＢＮ

する、フランス政府の期待の大きさを物語るものであり、翌日の新聞もこのことを特に報道していた。

この学校のきびしい入学試験をパスした正科生 élèves titulaires は、在学期間中、月額九百五十フラン（約七万円）の俸給をうける司書学生（国家公務員）となり、卒業後十年間は図書館に奉職する義務を負う。この奉職義務を望まぬ学生は、非正科生（聴講生）élèves associés として、授業料を納めて受講することができ、所定の試験にパスすれば上級司書免状が授与される。（一九六四年度の正科生は四十五名、非正科生は十五名。）私も後者の立場でこの学校に籍をおいたわけであるが、授業は実にきびしく、毎回必読の課題書が教授から示されて、学生たちは国立図書館に通いつめて猛勉強しなければならない。

フランスの図書館学の根幹をなすものは Bibliographie で、講義時間も最も多く、ソルボンヌ大学図書館の主任司書監で Bibliographie の権威であるマルクレス女史の講義をはじめ、国立図書館のベテラン司書による演習で、みっちりと Bibliographie をたたきこまれる。

日本では Bibliographie というと、「書誌学」という訳語からして既に混乱していて、古書いじりやリストづくりの技術のように誤解されがちだが、Bibliographie の語義を端的にいえば、いかなる主題に対していかなる文献があるか、そしてそれはいかなる内容のものであるかを研究する学問であり、この学校での Bibliographie の演習は、どのような文献を駆使することによって、ある主題の研究調査を進め、また問題解決を得るかを体得する訓練に当てられる。図書館における一生を通じて、日々の業務の中に生かされ、研究が進められ、図書館員のバックボーンとなって、図書館を支える基礎学であり、またその窮極の学問であるといえる。フランスに限らずヨーロッパの図書館員が口を開けば Bibliographie であることも、きわめて当然なことであるが、日本ではどうして Bibliographie が、現代図書館を支える生きた学問として発達することなく、古文書学的な色彩を強めた「書誌学」として、図書館学の片隅にひっこんでしまったのだろう。むしろレファレンス・サービスの現場で、Bibliographie の実用面からの研究が、受け身なかたちでなされているわけだが、日本の図書館学の深度は、基礎学としての Bibliographie の体系的な組織化をまたずには実現されないと私は思う。図書館員自身が、図書館学の学としての価値に懐疑的であることも、日本の図書館学が専らプラグマチックな立場での、運用のテクニックに終始して、科学としての Bibliographie の基礎の上に立っていないことにその一因があるのではなかろうか。

なお私は文章の中に必要以上の外国語を使うことはきらいだが、Bibliographie だけは、「書誌学」では誤解されやすいので原語のまま用いた。この訳語は和田万吉が用い始めたというから、さして歴史のある言葉でもないが、日本書誌学という古書専門の立場にたつ分野が、既に一つのイメージをつくってしまっているので、あえて避けた。「文献学」「図書学」の訳語の方がまだしも無難な気がする。

三

フランスの図書館組織

フランスの図書館組織がアングロ・サクソン系の諸国と著しく異なっているのは、図書館に限らずその行政組織のすべてにわたって、中央集権制がとられていることであろう。このことは我々日本人には、最も誤解をもって受けとられやすい。敗戦後ようやく、アメリカの範にならって民主主義による住民自治制をしき、それまでの官僚統制、中央集権による国家主義的行政から脱却した日本においては、中央集権という言葉は民主主義の反対語としてしか通用しない。二百年も前に国民自らの手で国王を裁き、アンシャン・レジームを倒して、史上初めての革命をなしとげ、自由・平等・友愛のモットーを国民生活の中に実証してきたフランスを理解するのに、その行政の姿を、民主化以前の日本の絶対主義的官僚統制と混同視したのでは話にならない。そのあり方の是非やわが国への適用の当否はともかくとして、ありのままの姿を理解するためにも、このことだけは前提において、フランスの図書館組織――ナショナル・プランをながめてみよう。

文部省図書館局 Direction des Bibliothèques de France

一九四四年のパリ解放後間もなく、文部省の組織改造を機会に図書館局が設置され、国立図書館長が図書館局長の任を兼ねることになった。そしてフランス国内のほとんどすべての主要図書館（大学・公共・貸出中央）が、国立図書館をピラミッドの頂点として、その傘下に収められる全国組織が確立された。図書館局には三つの部（人事・財政・指導）があり、登録された国家公務員としての司書職員の人事が、ここで全国的な見地で行われるほか、主要な全国の大学・公共図書館が、その規模に応じて全額または一部、国費をもって運営される。またここには各種の図書館関係の委員会が設置されている。では図書館局の管轄に入る図書館について簡単に触れてみよう。

国立図書館 Bibliothèque Nationale

フランス国民がこの図書館を自由に利用できるようになったのは、フランス革命によってその前身の王室文庫 Bibliothèque Royale を国民の手に収めてからのように考えられているが、実際はそれ以前、既に一六九二年にこの文庫は一般に開放され、一七二〇年には法令によって「すべての研究者、すべての国民」に対して、週一回（革命前夜の頃は週二回）、九時から夕方まで開放されていた。

この図書館の起源はジャン二世（一三五〇〜六四）の文庫を嗣王シャルル五世に遺したに始まるというが、そのような古いことはどうでもいいとして、この国の納本制度が既に一五三七年、印刷術の発明後間もない頃に法制化され、それまでに集められてきた写本とともに、この図書館に初期印刷本 incunable 以来のすべての印刷文献が徹底して集積されてきたことは、この図書館が人類文化史の宝庫とみなされているゆえんであろう。蔵書六百五十万冊、備付雑誌二万余種、写本十五万冊等々……

ここで知りあったユーゴスラビアの研究者が漏らしていた――調べようと思うことについて、およそ何でも揃っていることはあきれかえるほどで、時間の足りないこと、人間の命の短いことをただ嘆かせられる図書館だ、と。この図書館についての私の思い出も多く、その内部について書き記せば一冊の本になってしまうが、この小論の性質上、割愛する。

大学図書館―固定排架法について

パリ市内は法律によって近代的な建築は規制されているので、国立図書館をはじめ、ソルボンヌ大学図書館にしても、古めかしい建物ですこぶるはえないが、郊外のオルセイにあるパリ大学理学部図書館、ノルマンディのカーン大学図書館、リヨン大学、ルーアン大学等、地方の大学図書館はことごとくといっていいほど、近代的なすばらしい建築、設備をもっている。しかしいずれも古い歴史をもつ大学だけに、図書の分類・排架は、国立図書館の方式にならって一八七八年の訓令で指示された、型態別・受入順の方式を守っている。まず本の大きさによって三種ないし四種に分類し、これを受入れ順に固定排架しており、これも日本の図書館員には抵抗を感じることと思うが、書庫のスペース対策として、また十進分類による排架の場合、不可避的に書架の永久移動に悩まされることから、特に蔵書の多いアメリカの大学図書館が近年注目しだして、相次いで蔵書の一部を固定排架に切り替えている事実や、また固定排架法の利点について再認識が喚起され、幾多の論述があることを付記しておきたい。少なくとも、固定排架法は保存のための方法で利用のための方法ではない、という迷信だけは解く必要がある。五万や十万の蔵書なら、書架にじかにあたって足で探す方が早いかもしれないが、大図書館になるほど、蔵書量に比例して、探索に書誌の占めるウェイトが大きくなり、分類順排架と固定排架とはその優劣が判じがたくなってくる。

わが国の図書館も何十年かの蓄積を経て、ようやくその蔵書対策の研究が不可欠に要望されてきている時、大学図書館に限らず、県立図書館、研究図書館などでも、将来大図書館として、百年も二百年も資料を伝えてゆくつもりがあるなら、何もフランスの方法でなくても、NDCをふまえた上での折衷的な固定排架の可能性などについて、検討してみる価値は十分にあると思う。

とにかくわが国では、固定排架法など百年も前に姿を消した旧世紀の遺物としてしか受けとられていないし、それについての研究もきわめて少ない。

なお付記しなければならないことは、フランスの図書館においても自由接架方式はもちろん広く行なわれており、公開図書はUDCまたはDCによって排架しており、問題は書庫の固定排架との関係の調整にある。また固定排架法には必ず完璧な書誌が不可欠であるが、フランスが早くから Bibliographie にすぐれた仕事を残してきたのは、その固定排架方式と不可分の関係にあったわけである。

カーン市立図書館の司書

ここまで、書き進めてきて、既に与えられた紙数も残り少なく、公共図書館については、いかに端折っても述べることができなくなってしまった。私自身が公共図書館に勤務する身なので、最も関心をもつことがらだけに、別の機会に改めてとりあげたいと思う。

日本に帰って、もとの職場に戻り、しばらくの間、私は放心していた。〈日本はなんと忙しいところなのだろう〉——そんなことを日に何度となくつぶやきながら、いつの間にか小刻みに神経をつかい、まめに身を動かしてゆく生活に、違和感をおぼえなくなってゆく。こいつはいけない、もとのもくあみだ……私がここに書いたことがらは、報告に託して自分自身を戒めるようなつもりであった。それがもしかしたら、日本の各地で、身をすりへらして図書館の前進のため奮闘している同志の人たちに、またせっかくもりたて、もりあげてきた図書館運動に、水をさすような気配として受けとめられただろうか。心は熱く、頭は冷静に、そして眼はいつも遠くをみつめて……と、そう願うだけである。

連載の「ある図書館員の生活と意見」という欄を、海を越えてパリの宿に送られてきた『図書館雑誌』で読んだが、我々日本の図書館員の生活は、生活なんていうもんじゃなくて、「労働」というべきものである、と思った。

人間にいちばん関心があったので、フランスの図書館員が、いったい図書館についてどう考えているか、フランス人の生活の中で、本や図書館がどういう位置にあるのか、というようなことが、図書館の仕事などよりも興味があった。結局、そのような大きな問題は、自分が触れた範囲の限られたケースから即断すべきものではないと思うのだが、あるフランスの図書館員の、さりげなくもらした言葉が、私の胸の中に強く残っている。――〈人間は人間らしく生きる権利をもつと同時に、人間らしい生活をいとなむ義務もまた負っている。図書館員も、その生活をうるおいゆたかに生きることは、むしろ人間としての義務ではないでしょうか〉。

筆者略歴　小林　宏（こばやし　ひろし）
大正一四年　宇都宮市に生る
昭和二四年　京大・仏文科卒

昭和二五年　栃木県立図書館に勤務
　現在、主任司書
昭和三九年十一月より四〇年七月まで
　フランスにおいて図書館研修を行う
住所　宇都宮市塙田町三三八（TEL②二四三二）

（『図書館雑誌』第六〇巻第四号　一九六六）

フランスの地方公共図書館

リヨン市立図書館

永井荷風の『ふらんす物語』の中に、リヨンについて次のような一節がある。

リヨン市を過ぎた人は街の中央に立つ株式取引所の入口なる左右から昇る大階段の正面に、裸体の男女の身をからませて泳ぎ行く大理石の彫刻を見たであろう。あの筋骨逞しく、恐しい顔した男はローンの急流を示し、後向きに髪もしどろ溺るゝ如きさまを見せた女の姿はソーンを示したものである。ソーンは女性である。其の流れは巴里なるセーヌの如くに穏かで岸辺の景色も其れに劣らず美しく愛らしい。

獅子の石橋を離れ、河下の方を見返すと、古びた石の人家の立続く河岸通り、パレー・ド、ヂュスチース（裁判所）の太く並んだ石柱の列を越して、十三世紀の初めに礎を置いたサンヂャンの古刹と、其のまはりに中世紀の名残なる傾きかゝった小家の屋根。見渡す全景の古色暗然たるに比較して、直ぐ其の真上なる山の頂きにはフールビヱールの新しい大伽藍が懐古派ならざる吾々の目にも近世的建築の卑しい事を知らせてゐる。

リヨン市は人口約五十万、ローヌ河とソーヌ河の合流点に早くから発達した都市で、二万年以上の歴史をもち、学術文化の中心として古い伝統をつたえ、また西欧には珍しい絹織物の特産地として、日本の京都をしのばせるような街である。

荷風の文章にあるとおり、十三世紀に建てられたサン・ジャンの聖堂にすぐ隣接して市立図書館がこれまた古めかしく、時代のしみで黒ずんだ姿を、川面に写しているこのあたり一帯は、「古きリヨン」とよばれる由緒ある界隈。凝った細工の扉をつけたかざり師の店や、ぶどう酒樽を看板にした飲屋などが、すぐ裏通りには軒を連ねていて、崩れ落ちそうな石壁の色と、迷路のような狭い敷石道が印象的である。荷風は、このあたりについても、次のような一文を残している。

リヨン市立図書館

仏蘭西の街は米国とは違って不規則な

小路やどこへ通ずるとも知らぬ抜裏が多い。忽ち自分は暗い霧の中をとある小路に迷入った。やっと荷車が通れる位な道幅で、両側に立って居る低い石作りの家屋は汚れた黒赤い瓦屋根の半ば傾き、扉の落ちた窓の数は少く、土塗の壁の憂鬱な事はまるで牢獄のやう。底の厚い靴を穿きながらも歩けば忽ち足の裏が痛くなる程凸凹した敷石の処々の凹みには、えたいの知れぬ汚水が溜って居て、何処から来るとも知れず、何の光とも知れぬ光を受けて其の面は気味わるく光って居る。〔中略〕……

自分は夜と云ひ、霧と云ひ、猫と云ひ、悪臭と云ひ、名も知れぬこの裏道の光景が作出す暗澹たる調和に魅せられて、覚えず知らず、巴里の陋巷を歩みも遅くボードレールが詩に悩みつつ行く時のやうな心持になった。

この凸凹した敷石の上には、どうしても浮浪人の死骸がなくては成らぬ。あの暗い窓からは己が女房を絞殺して其の金を奪ひ取った泥酔の亭主の真青な顔が現れべき筈だ……

忽然、物音が聞えた。野良猫の影が四方に散った。自分は驚いて目を見張ると、やがて真暗な霧の中から、かたり〳〵と木靴の音を響かせて現出たのは二人の女の姿である。……

荷風が横浜正金銀行のリヨン出張所の雇員として、この地に留まったのは、一九〇七年（明治四〇年）のことであるが、この辺一帯のたたずまいは、その頃と少しも変わらぬように私は思えた。それというのも、フランス人には古い由緒あるものを大切にして、新しく手を加えることを極力避けようとする気風がある。余談になるが、リヨンには博物館、美術館が大小あわせて一九もあり、印刷博物館、マリオネット博物館など、この地に縁りの深いものが大切に保存されている。

リヨン市立図書館は一六九三年に開設された神学校に起源をおき、一七六五年から一般公衆に開放されている。蔵書八十万冊、写本約一万部、インキュナブル（初期印刷本）一、〇〇〇冊、版画二五、〇〇〇枚等をもち、ジャンセニズム関係資料や、リヨン印刷術関係資料など、特色ある貴重なコレクションを誇っている。

リヨンに限らず、フランスでは早くから地方に図書館が発達してきたので、その地方独自のコレクションを各地の図書館がもっている。例えばフローベルの出身地であるルーアン市立図書館のフローベル関係文献、グルノーブル市立図書館のスタンダール研究資料など、単に国内で有名なばかりでなく世界中から研究者がこれを尋ねて集まってくる。

リヨン市立図書館の古い建物は八〇万冊の蔵書を収容するには相当の無理があって、屋根裏部屋のような所や、次々と接収した隣接家屋を書庫にしたりして、それこそ迷路のような書庫が入り組んでいる。

建物の坪数からいえばずっと大きい筈の、栃木県立図書館が、既に二〇万冊程度の蔵書で、その収容能力の限界にきているのとくらべてみると、ともかくも八〇万冊もの蔵書を、この程度の建物の中に納めてしまう、フランスの図書館の伝統的な固定排架法——本をその大きさによって一定の書架に能率的に排架する収納方法——の合理性がよくうなずける。

閲覧席は二七五席、一日平均六一五人（四、五月の混雑期には九一〇人）の閲覧者があり、この図書館の収容力では既に飽和点に達している。リヨン市には九区があり、現在そのうち四区に分館があり、最近新築された社会センターの中に、一般成人、青少年、児童の三つのセクションをもった立派な図書館が分館として付設されたが、将来は各区に一つずつ分館を設置するプランが進行中である。

また移動図書館「ビブリオカー」は大型バスの車体で、内部に廻転式の書架を備えて三、〇〇〇冊の図書を搭載し、三〇人以上のグループからの申込みに応じて、定期的に訪れて、三か月間の貸出を行なっている。現在七〇グループが利用しており、そのほかに児童専用の移動図書館車が計画されている。

この図書館の製本室を訪れたとき、ちょうど出来上がった革製本に、中年の女性が、装飾模様の焼き鏝で金箔模様を押しているところだった。まわりには色とりどりの皮革がうず高く積まれて、惜しげもなく皮を使っての本格製本は、それは見事な芸術品で、本によっては表紙・裏表紙の全面に浮出しプレスをかけて、手にとって眺めるだけで、その本への愛着がわいてくる。私どもの通念では、図書館の自家製本というのは、もとのものよりは見栄えのしない、魅力のないもの、ということになっていたが、フランスでは、図書館に限らず一般の愛書家の間でも、仮装丁で市販されるフランス装本を、自分の好みにあわせて、それぞれ好みの色の皮革で自家製本をする優雅な趣味がある。図書館の本はきたないのが当り前というふうに考えていた私などには、それぞれの図書館が自館の持味を活かした、気品のある製本をしているフランスのやり方に、芸術を愛する伝統が広く深くしみわたっていることを思い知らされるのだった。

なお、リヨン市立図書館長アンリ＝ジャン・マルタン氏は印刷博物館長も兼任しており、また毎週パリの図書館学校へ非常勤講師として、大きな鞄に貴重な文献をたくさん詰めて通っていた。私たちが図書館学校の研修旅行でこの図書館を見学した折には、書庫の最上階に隣接する私宅の応接間で、シャンパンをふんだんに振舞って上機嫌だったことを懐かしく記憶に留めている。

トゥール市立図書館

ペローの童話『森の眠り姫』の舞台となったユセの古城や、モリエールがルイ十四世の御前で『町人貴族』や数々の名作を上演して恩寵を得たシャンボールの城など、たくさんの中世の古城が点在するロアール河に沿って、トゥール市の図書館を訪れてみた。

トゥール市はフランスのほぼ真中にあり、早くから付近一帯の肥沃な土地を慕ってローマ人たちが集まってきて街をつくり、このあたりは昔からトゥレーヌとよばれ、トゥールはその首都であった。バルザックの故郷でもあり、『谷間の百合』はトゥール生れの一青年を主人公とした恋愛小説で、作者の自伝的な要素も多分に盛りこまれているという。

戦前に留学生としてここで一時期を過した中村光夫は、『トゥルの宿』という一文で次のように述べている。

トゥルの地理は実に簡単で、駅前の広場から大通りをしばらく西に行くと、一町くらいで広い芝生に囲まれて花壇や噴水のある半円形の広場にでます。ここがいわば街の中心のジャン・ジョオレス広場……ナショナル街の外れは一寸した広場になっていて、そこからポン・ド・ピエル（石橋）と呼び慣らわされた橋がロアル河を横断してパリ行の国道に連っていますが、この広場に面している建物は図書館と博物館だけなので、夜はもう真暗で、田舎町の常として盛り場を一寸外れた暗い所はもうまるで人通りがなく、橋の袂の両側に芝生に囲まれて立っているデカルトとラブレエの石像がただ薄ぼんやりと白く闇のなかに浮いて見えるきりでした。

トゥールの町はドイツ軍の侵入のとき、抵抗したため大部分破壊され、この市立図書館も焼失して、戦後もとの場所に再建された。人口九万七千人ほどの中都市で、街の様子も多少変わったらしいが、デカルトとラブレエの石像はもとのままで、市立図書館がそのうしろに、四階建ての瀟洒な姿をロアール河に映してたっている。この図書館の創立は一七九一年、前述のように被災して、現在の建物は一九五七年に完成したものだけに、フランスの図書館には珍しくモダンな感じで、サービス方式なども近代的な設備で、さまざまな工夫をこらしている。それというのも、この図書館のフィエ館長は国立図書館学校でも講義を担当する図書館学者でもある。児童サービスにも情熱をもち、独自のプランを次々に実践しては分析する、学究的な活動家だからである。

トゥール市立図書館

玄関を入るとすぐ左手に自由接架式の一般読書室、続いて青少年室、児童室とあり、誰でも身分証明書を見せるだけで、簡単に貸出の登録ができる。有効期間は二年間。一回の貸出は一人四冊まで二週間の期限。貸出方法はちょっと変わっていて、筆記用具はいっさい用いない。あらかじめ用意された一連番号のついたデートスリップを本にはさんで渡すと同時に、テープレコーダーに書名、番号など必要事項を手短かに録音し、ものの数秒で、次々と貸出の行列をさばいていってしまう。つまり貸出記録は、本が返ってこなかった場合にだけ、捜査の手がかりとして使用するという、貸出本位のアイデアに富んだ方法を用いている。一日平均七〇〇冊からの一般貸出を、こうしてたった二人の女子職員が能率よくさばいてゆく。また貸出と同時に統計が自動的にとれるような装置も工夫してある。これは数取り器をたくさん板に打ちつけて、貸出のつど、部門ごとのキーを押してゆくだけの簡単な装置だが、なかなか考えている。

この図書館の各室からは、ひろびろとしたロアール河のゆるやかな流れと、岸辺の緑が見わたせて、実に気持がよい。児童室には「お話しの時間」のための部屋が付設してあり、毎週、本の紹介、お話会、スライドやフィルムの上映、レコードコンサートなどが催されている。

児童貸出風景

これはパリにある児童図書館「たのしいひととき」（一九二四年創立）が、その先駆者で、子どもたちのたいへんな人気をあつめ、現在、全国の公共図書館の児童室がこれにならっている。

また定期刊行物室には、四七五種の内外の雑誌を、少ないスペースに能率よく排架した、挿込式展示架（雑誌の表紙が見えるように、しかもスペースをあまり取らないように斜めに挿し込み展示できる書架）がある。また、地下の恒温恒湿の特別室には、中世以来の写本類を展示保管し、種々の細部にいたるまでゆきとどいた工夫を凝らしている。

この他、三つの主題別研究室、出納式の一般読書室、移動図書館室（車庫、プラットホーム、事務室、書庫とが一体になっている）などがある。ディスコテーク（レコード室）には八人の人が別々のレコードを聴ける試聴設備があり、フランスの公共図書館の通念を脱却した、人を惹きつける要素が満ちている。

小ホールでは講演会や音楽会が定期的に開催され、展示室の資料展と同時に、「アナトール・フランスとトゥール市」など、水準の高い文化行事を提供している。

この図書館の移動図書館車は三台あって、その特色は児童生徒専用のビブリオバス・スコレール（学校移動図書館）を巡回していることである。これは本館を利用できる児童は、管内全児童の七〜八％にしかすぎないという調査結果から、児童サービスに熱心なフィエ館長が決断・実施にふみきったもので、五五〇〇の学級の全児童生徒及び教師がこれに登録している。また学校配本所というものがあり、父兄や近所の一般市民の利用も認め、また市内に分館が一つあって貸出を行っている。

（『栃木県立図書館報　あけぼの』No.25　一九六六）
初出の標題は「フランスの地方図書館」今回大幅に改稿した。

フランス留学・思い出の記

私が実習に通ったパリ国立図書館は、セーヌ川の右岸、パリの中心部の第二区にあった。近くにはルーブル美術館、コメディ・フランセーズ、オペラ座などがあり、昼休みに近所をぶらぶら歩きするのが何よりも楽しみだった。十五世紀に創設されたこの図書館は、当時の建物のままではないが、それにしても真っ黒にすすけた古めかしい建物で、外観だけ見たのでは、これがヨーロッパで最高の文献の宝庫とは、とても信じられない。しかし内部に入って、ここで行なわれている仕事にくわしく触れてみるならば、その合理的で独創性のある仕事ぶりに、改めてフランスという国柄を感じさせられる。ここに保管されている六百万冊の図書、中世の古写本、文豪の原稿、その他五百万枚を越える版画や地図、所蔵資料の貴重さと整備の整っていることには、今さら驚くにもあたらないが、この図書館は、こうした保存色一点張りで終始するものではなく、ユネスコ（パリにその本部事務局がある）とともに、世界の文献の国際交流や書誌編さん等の近代的な仕事にも大きな努力を払っていることに、むしろ注目したい。

この図書館を利用するには特別の許可がいる。ここは単にフランスの図書館であるよりは、世界的な学者、研究家の集まるところなのだから、それも仕方がない。女性の利用者も随分いるが、いずれもマーニャ・スクロドフスカ（後のキュリー夫人）や、シモーヌ・ド・ボーヴォアル（サルトル夫人）のような風格を備えた人達が多く、恐らく、毎日、大閲覧室を埋める利用者の大半が、その道では、いずれも世界的な権威、ないしはその可能性を秘めた人達なのであろう。そう思うと、この人達が要求する資料が、どんなに特殊で面倒なものであっても、おろそかには扱えない気がする。

パリの冬は暗く、冷めたく、それは二月も末のある夕方のことだった。一日の仕事を終わっての帰り道、ほとんど毎日のように見かけるポーランドの女性が、凍てついた敷石道を、肩をすくめて歩いて行くのに出会った。社会学を専攻する彼女は、いつも十八、九世紀の資料を机の上に積み上げて、大きなテーマと取り

ＢＮの大閲覧室

組んでいるらしかったが、外国人の学者の卵にとっては、パリの生活は楽ではないようなことをもらしていた。おそらくパンだけをかじって過ごした幾日かもあるのだろう。書物に沈潜して一日を過ごした眼にガス燈の灯がうるんで、何かを一生懸命やっている人の眼は美しいなと思った。数カ国語に堪能な彼女は、これから家庭教師のアルバイトにまわった後で、翻訳の内職もしなければならないと、肩をすくめて見せた。

「元気を出して。あなたの研究が実を結びますように……」と握手して別れたが、その後どうしたことか彼女の姿を図書館で見かけることはなかった。無理がたたって病に倒れたりしたのでなければ良いがと、時々気になったものだ。

遠くパリを離れた今、印象に残ることといえば、職業柄、本に縁のあるものが多い。公園のベンチで乳母車をとめて、読書のひとときを過ごす婦人たち、書店の店先で本を探す人々の、思い思いのしぐさやポーズ、図書館の大閲覧室にただよう一種独特な空気、――古書の臭いと西欧人の体臭と、カテドラルのような高い天井から弱々しく落ちる陽ざしの中によどんだ、重々しい空気――。日本にはない風物を、たくさん見聞きして過ごした八カ月だったが、やはり心に刻まれて残ることといえば、本を愛する人たちの、奥行のふかいまなざしである。

（『宇女高新聞』一一〇号　栃木県立宇都宮女子高等学校　一九六五）

東方への路
——海外研修を終えて

マルセイユの埠頭を、二隻のタグボートに曳かれて、われわれを乗せた巨大な客船カンボジ号がゆっくりと岸壁を離れてゆく。見送る人の数も少なく、紙テープが投げられるでもなく、倉庫ばかりが立ち並ぶ殺風景な港の光景を、船客たちはそれぞれの思いを胸に包んで、静かにデッキに立ち尽くしていた。

鴎が船のあとをいつまでも追って飛び交い、時々船尾から排出される残滓に群がったりしていた。ヨーロッパ大陸が、次第に視界から遠ざかってゆく。長いようで短かったパリでの留学生活を終えて、心はこの地に残したまま、船で運ばれてゆくのは、自分自身の抜け殻に過ぎないような虚脱感があった。フランス商船が極東航路を定期就航していた当時、一九六五年六月のことであった。

航空機がまだ、船舶に代わって海外輸送の主流になりきってはいなかった当時、フランスではメサジュリー・マリティーム社の商船、ラオス号、ヴェトナム号、カンボジ号の三隻が月一回、

メサジュリー・マリティームのカンボジ号

交代でマルセイユ〜横浜間を三十二日間かけて航海していた。私が乗船したカンボジ号は、一万一千トンの真っ白な船体の瀟洒な船で、乗客の噂では、中国へ向かうアンドレ・マルロー文化相もこの船の特別室に同乗しているとのことであった。

船の上では何もすることはなかった。地中海を渡る潮風に吹かれながら、ただ海を眺めていても、単調な波のうねり以外には陸地の影すら見えず、抜けるような青空と強い陽射しが、感傷も吸い取ってしまうかのようであった。日影のデッキチェアを見つけて横になり、出国までの超過密だった数日間のスケジュールをあれこれ思い返して反芻しているうちに、いつのまにか寝入ってしまった。神経を張り詰めて異国で過ごした七か月間の疲労の蓄積が、どっと噴き出てきたのであろう。

金属製の重いトランクを二個も抱えて、必死の思いで船に運び込もうとして、桟橋で捻った腰の痛みがいつまでもうずき、目覚めの気だるさは、暑さのせいばかりではなかった。すべてが終わった安堵感とともに、たくさんの心残りと愛着を覚えながら、帰国の期限を迫られ、この船に乗ってしまった以上、あとは船の赴くままに身を委ねるしかなかった。日本に帰れば、また元の職場・図書館に戻り、家族全員が再び顔をそろえ、孤独な単身生活に完全にピリオドを打つことになる。それを疎ましく思うというわけではない。望郷の思いは日本を出た時からいつも纏い付いて脳裏を離れることはなかったのだが、それはそれとして、今はそのことをなるべくなら、考えたくない気持ちの方が強かった。

四人部屋の二等船室には、私のほかにインド人の医師と、もう一人どこの国の人かわからぬ老人と、三人での相部屋であった。頬から顎にかけて長い髯を備えた老人は、修験者風の装束から異臭を発し、数珠のような装身具をいくつも首から下げて、何となく不気味な存在だった。言葉が全く通じないらしく、挨拶をしても、合掌して何か呟きながら頷くばかりで、船客の誰とも没交渉に、一日の大半を、専らベッドにうずくまって、檻の中の動物のように過ごしていた。無害そうな人物とわかると、誰もすぐ気にならなくなり、彼自身も無視されることを望んでいるかのようであった。

インド人の医師とは、よく食堂でも相席になったが、彼は流暢な英語で食卓での会話のリード役を引き受けていた。気をつけて観察していると同席した他のインド人とも英語で話しており、あの髯の老人も、話の様子ではどうやらインド人らしいのだが、出身の地方が違うとまるで言葉も通じないのか、インド人同士でありながら、互いに英語やゼスチュアを交えての意思疎通を図っているもののようであった。これにはいささかショックを受けた。まぎれもなく東方への路を、われわれはゆっくりとたどっているのだ。

地中海での航行の間は、波はかなり高かったものの、海の色は紺碧で、風も強くはあったがじめじめしてはいなかった。出港二日目の早朝コルシカ島とサルデーニュ島をかなり近くに見ながら航行し、その夜八時頃、ストロンボリ火山の噴火を遠望し、その壮絶な打ち上げ花火に似た光景に、複雑な感動をもって立ち尽くしたのが、ヨーロッパとの最後の決別であった。

ポートサイドの港に入ると　観光ツアーの希望者は下船することができた。船がスエズ運河を一日がかりで通過する間に、エジプトの古代遺跡、ピラミッド、スフィンクス、カイロの国立博物館などを見て回り、バザールでの買い物に興じたりした。近く日本でのエジプト秘宝展に出品のため、初めて国外に出るという、ツタンカーメンの黄金のマスクともここで一足先に対面できた満足もあって、完全に観光客気分での行楽であった。

ナイルの泥流やパピルスの群生、砂埃をあげて駱駝の隊列が通り過ぎて行く。物珍しいものばかりに取り囲まれて、船中の単調な生活に屈託しきっていた反動で、好奇心に駆られるままに、やたらと写真を撮りまくったりしていたが、やがて私の心は次第に滅入っていった。殊にカメラを構えている腕をしきりに引っ張り、「バクシーシ、バクシーシ」と小銭をせびる小男を何げなく見下ろした瞬間、膝から下が切断され、顔半分が崩れた男と直面し、肝をつぶして飛びすさった。「東方の悲惨」という言葉の実感が、その時からひしひしと胸に迫ってくるようになった。

人類とその文化の発生の地、母なる大陸、パピルスに記録された神聖文字や偉大なるファラオたちの業績などが今日の住民たちの生活とは全く断絶したままに、単なる歴史上の謎として、広漠とした焼け付く砂の上に、いたずらに巨石ばかりが過去の栄光を偲ばせてそびえたっていた。

船が紅海に入ると、湿った熱風が吹きつけてきて眼鏡やカメラのレンズも曇り、シャツが肌にべとついて、とても甲板に出てはいられなかった。海の色も赤茶けた泥のようで、地中海の紺碧の波とは対象的で、紅海の名を頷かせるものだった。朝のうちは進行方向の右手にアフリカ大陸、左手にはシナイ半島の岩と砂ばかりの荒涼とした海岸に挟まれて航行していたが、それもいつしか泥色の波の彼方に見えなくなると、ほとんどの乗客は、蒸し風呂のような甲板を避けて、クーラーの効いたキャビンに引き上げてしまった。トランジスタ・ラジオのスイッチを入れると、どこにも陸影は見えないのに、アラブ風の単調なメロディーが、眠気を誘うように、繰り返し繰り返し流されていた。

アデンに着くまでの三日間は、こうして船内に閉じこもりきりの生活が続いた。サロンでは毎日、映画が上映され、図書室やレコード音楽鑑賞室、ゲームコーナーなどもあって、退屈することもなかったのだが、私はむしろ何もせずに、フランスで過ごした生活体験や見聞を回想しながら、孤りで時を過ごすことを好んだ。

前年の十一月に日本を発った時の、張り詰めた気負いはもうなかった。図書館という限られた分野のことではあったが、現在の日本の低迷状態からの脱却の方途を探り、彼にあって我にないもの、その根源は何かということが当面の課題になっており、その検討を使命としてフランスに派遣されたという責任感は、絶えず私を駆り立て、滞仏当初は馬鹿正直に図書館ばかりを精力的に見て回った。

その責務を放棄したわけではないが、今は別な見解にたどりついていた。図書館の進展は単独の社会現象ではなくて、もっと根源的な文化というものに対する哲学や、一般市民の生活の中での共通理解、浸透度が問題であることを、事あるごとにいやというほど実感してきたからである。そしてアデン、カラチ、ボンベイ、コロンボと船が東へ進むにつれて、飢餓や疫病や貧困と直面した厳しい生活環境を目のあたりにして、しかもなおその中にあって、「図書館というものの存在意義を自信をもって叫び続けるに足る根拠は何か」と、しきりに反問せずにはいられなかった。その日その日の糧にも事欠く、中近東・アジアの人々にとって、それでもなお図書館が必要なのだと、胸を張って主張し、説得し得る自信があるのだろうか？

インド洋の波は荒く、船はローリング、ピッチングを繰り返し、甲板を洗う怒涛がしぶきをあげて、船体を激しく揺すぶっていた。

（『文芸栃木』四四　一九九〇）

Ⅱ　日仏図書館情報学会と日仏の交流

日仏図書館研究会の発足とサルヴァン女史の訪日

日仏図書館研究会（現・日仏図書館情報学会）の設立にいたるまでの経緯や、その動機については、『日仏図書館研究会会報』No.1に詳述してあるので省略したい。一九七〇年三月十三日にその発起人会を日仏会館で開催し、この会の趣旨、今後の活動方針を協議した後、会則および役員を定め、正式に会は発足した。役員人事については、都立日比谷図書館長の杉捷夫先生に予めご内諾を得ていたものの、先生は最後まで会長という職名を嫌い、世話人代表ということで、事実上の会長職を呑んでいただいた。したがって、その日参集した発起人七名が世話人として会の運営に当たることになった。

第一回会合を六月三日に開催、椎名六郎氏など図書館学の長老の入会などもあって、どうなることか見当もつかぬ見切り発車ではあったが、集まることに張り合いを覚えるような会が立ち上がった。その年は二名の留学生をフランスに送り出すことが予定されており、先に留学した小杉さんがフランスの国立図書館に就職することができたり、後に続く人たちも控えていて、この会の意義が納得できる雰囲気があった。

私はその前年六九年に、二年越しで悪戦苦闘した『図書館』（文庫クセジュ）をやっと上梓した疲労を引きずりながらも、次の更なる仕事の計画などに意欲を燃やす若さもまだ持ち合わせていた。その本の著者で、国立高等図書館学校の校長代理でもあったサルヴァン女史は、私がこの学校の留学生だった頃の指導教官でもあったので、早速この会の発足についての報告と、会則のフランス語訳を添えて、お手紙を差し上げた。サルヴァン先生は折り返し次のようなお返事をくださり、この会の誕生を祝ってくださった。先生はいつ頃からか、日本訪問を心積もりされていたようで、親日家の私の友人とコンタクトをとりながら、着々と計画を具体化していたようであった。

Paris, le 26 mai 1970

Cher Monsieur Kobayashi

C'est avec grand plaisir que j'ai appris la création de votre société franco-japonaise de bibliothécaires et j'ai pris connaissance avec intérêt des statuts que vous avez joints à votre lettre. Comptez-vous réunir un nombre suffisant de membres?

Je serais très heureuse, en tout cas, si c'est possible, d'adhérer éventuellement à cette société.

Malheureusement, je ne pourrai pas me rendre au Japon cet été. Les divers examens qui se déroulent en juillet et le concours d'entrée qui a lieu en septembre ne me permettent pas d'envisager un aussi grand voyage et une absence relativement longue. Je dois d'autre part accompagner les élèves qui vont faire un voyage d'étude en Grande-Bretagne.

Ceci dit, comme je l'ai dit à Monsieur Beaudoux, je suis très désireuse de mettre un jour ce projet à exécution. Ce serait sans doute possible l'an prochain et je vais étudier la question et vous en reparlerai à l'occasion. Merci, de tout coeur, d'avoir songé à m'accueillir à l'aéroport. Croyez-bien que je serai ravie de revoir mes anciens élèves et de faire la connaissance de votre famille et de tous ceux qui s'interessent à la culture française et à nos bibliothèques.

J'ai signalé à l'Association de l'Ecole nationale supérieure des bibliothèques la naissance de votre société.

Veuillez agréer, Cher Monsieur Kobayashi, mon fidèle et amical souvenir.

Paule SALVAN
Conservateur en chef chargé de la direction de l'E.N.S.B.

翌一九七一年には、永尾さんが『文書館』（文庫クセジュ）を刊行し、日仏会館図書室の星野紘一郎氏が岩波書店に勤務された。一月二八日、杉先生も出席されて、第二回の会合は祝賀パーティとなった。

第三回の会合は九月一八日、岡田、町井両氏のフランス留学からの帰国歓迎と、油井氏の渡仏歓送の集まりで、両氏の帰国報告も行われた。そしてサルヴァン女史はこの月、図書館学校を退職し、後任にはノエ・リヒター氏が就任した。

十月十二日、サルヴァン女史が来日、羽田到着の予定時刻が少し遅れて、一九時に東急ホテルに投宿、送り迎えを引き受けてくれた赤星さんからの電話は、すぐ先生に代わり、懐かしい声が受話器の向こうから聞こえてきたときは、思わず涙ぐみそうになった。図書館学校では怠け者の学生であったのに、先生はいつも"Nous avons gardé un excellent souvenir."と仰ってくださる。あまり外向的ではない先生が、なぜか自宅での食事にも招いてくれたり、学生への対応としては破格であった。私が、卒業時期までは残れない期間限定の留学生であり、この学校での資格取得を必要としない現職の主任司書であること等に理解を示してくださったのだろうか。トゥール、ボルドー、トゥルーズなどの市立図書館長宛に紹介状を書いて、学校の講義そっちのけの視察旅行をむしろ勧めてくれるといった寛大さだった。

今回の訪日は、先生の退職記念の個人的な旅行で、日程も詰まっているとのことなので、会としての集まりは遠慮し、ゆかりの人たちが観光の案内を分担することになった。東京、鎌倉、箱根等は赤星さんや岡田さんにお願いし、日光には私がお連れすることになった。私の記録にはないが、関西方面は多分町井さんが引き受けてくれたのではなかろうか。

十月一五日朝、宇都宮駅に迎えたサルヴァン先生は、六年前にお別れしたときに較べて、背が丸くなり、それだけ小柄になられたように感じられた。でも元気に奥日光や二社一寺を歩き回り、帰途、拙宅で小憩された。その頃は飼い猫がいて先生の足元に擦り寄ると、猫は猫好きを見分けるのだとしきりに愛撫されていた。ご自分のシャム猫も旅行の間、知人に世話を頼んできたとか。

十月二五日に大阪空港より香港に発たれるまでに、国立国会図書館、都立日比谷図書館その他を訪問、第一線を退いても図書館人は図書館を忘れることはできなかったのであろうか。今の私にはその気持ちがよく分かる。ただの物見遊山ではなく、半生を打ち込んだ図書館を織り込んだ旅のほうが、気持ちに納得がいくのだ。

サルヴァン先生と著者

私はサルヴァン女史の図書館学については、後にケリギー氏の評価されたような鼎の軽重を計るようなことは預かり知らない。ただこの人の善意と優しさに心を動かされ、励みを覚えて、文庫クセジュ『図書館』の翻訳に打ち込んだに過ぎない。そして図らずも志を同じくする人たちに恵まれて、勉強会のつもりで立ち上げた「日仏図書館研究会」が、その後三十余年の継続の結果、当初は予想もしなかった国際シンポジウムや共同研究まで実現するような学会に成長していった。すべては、同志会員の力量と熱意のたまものであると、感動を抑えがたい。日仏図書館交流の契機となった人として、その一端を記録に留める所以である。

ルネ・フィエ氏来日の意義

フランス国立ポンピドー・センターの公共情報図書館長ルネ・フィエ氏は、日仏会館の文部省委託事業費によって交換学者として来日（一九七八年十一月二十三日〜十二月十三日）、次の三回の講演会のほか、各地の図書館や類似施設の訪問、国際シンポジウムへの参加等を通じて、日仏両国の図書館の友好と発展のために、意義深い交流を行った。

講演会

一、十一月二五日（東京都立中央図書館）
「フランスの公共図書館」
通訳・油井澄子
共催＝東京都図書館協会・日仏図書館学会

二、十一月二九日（日仏会館）
「ポンピドー・センターの公共情報図書館」
通訳・堂前幸子

ルネ・フィエ氏歓迎会

三、十二月七日（関西日仏学館）

「ポンピドー・センターの公共情報図書館」

通訳・安江明夫

私がフィエ氏を知ったのは、一九六四年十一月二十三日、フランス国立高等図書館学校の創設に当たり、文部大臣臨席のもとに開学式の記念講演を氏が行った時以来である。氏は同校の教授であると同時に、トゥール市立図書館長並びにアンドル・エ・ロアール県の貸出中央図書館長も兼ねており、図書館学校における氏の担当する講義がひときわ異彩を放っていたのは、長い実践活動の裏付けがあったからである。

文献の宝庫といわれる伝統ある図書館を多数擁して、保守色の強いフランスの図書館界にあって、氏はむしろ異端的な存在ですらあった。その背景として、氏の図書館生活の出発が、フランスの図書館の転機となった図書館局の創設・貸出中央図書館の開始（一九四五年）を機縁としていることに、大いに関係ありそうである。氏はグルノーブル大学在学中に既にイゼール県の貸出中央図書館で働き（一九四六〜　）、法学博士号を得ると同時に、シャラント・マリチーム貸出中央図書館長をふり出しに、三十年近くを地方公共図書館ひと筋に生きてきた。図書館局の正式の名称は Direction des bibliothèques et de la lecture publique といい、レクチュール・ピュブリクの適訳を得ず、状況に応じて読書推進、公読書、公共図書館などと使いわけるしかないが、要するに、フランスの図書館がアカデミックすぎた存在を脱却して、国民すべての図書館であることを志向した象徴的な表現である。

フィエ氏の図書館理念はこの基本路線を代表するものであり、公共図書館界のオピニオンリーダーとして、トゥール市立図書館での氏の活動は常に注目を集めていた。氏が国立高等図書館学校開設当初から教授を委嘱されたのも当然であり、第六次経済社会発展計画では、公共図書館を検討する研究グループの主軸としての役割も担当された。

氏は今回の来日において、わが国の図書館界にたいへんな置土産を残していった。

その一は、今わが国の公共図書館が中心となって検討を進めている全国計画（ナショナルプラン）に関して、他山の石としてフランスの図書館行政の最近の改革事情を、その計画の推進者であるフィエ氏から伺えたことである。特に公共図書館に関する行政を、文部省から切り離して文化庁に移管したことは、公共図書館が単なる社会教育の範疇に留まる機関ではないことを、「文化」と「情報」という見地から、実証したものとして最も関心がもたれるところである。

その二は、ポンピドー・センター公共情報図書館長として、同時にフランスの公共図書館の牽引力となる立場で、氏が冒険を恐れず、ノンブックマテリアルと図書資料の混融を大胆に企図して、知的創造の場としての公共図書館の可能性に最大限の挑戦を試みている点である。

今回の講演では、氏が持参した数々のスライドによって、従来さまざまな評判のみ高くて、その実体を把みかねていたポンピドー・センターについて、ある程度具体的なイメージを得ることができ、今後われわれの図書館に賭ける夢に飛翔の翼と、勇気とを与えてくれたのである。

なお、フィエ氏招聘の実現にご尽力いただいた日仏会館彌永昌吉副理事長、ゲルムールフランス学長ほか関係の方々、講演会の開催にご協力いただいた東京都図書館協会、関西日仏学館その他、視察見学など、氏の滞在中のお世話をいただいた、たくさんの方々の御好意に対して、心から御礼申しあげます。


最後に、三回の講演会に、通訳としてご苦労いただいた本会会員、油井澄子、堂前幸子、安江明夫の三氏の、献身的な奉仕と、またフィエ氏受入れの窓口として、交渉からスケジュールいっさいを担当して、お世話いただいた岡田恵子氏の蔭のご苦労を特記して、深く謝意を表します。

Lecture publique（公読書）とは何か
―「フランス公共図書館発展計画」よりの抄訳―

フランスでは、多くの人が「レクチュール・ピュブリク」という言葉の意味すら知らない。図書館局長デヌリー氏（一九六四年任命）の正式職名は一九四五年に設置された時以来、Directeur des bibliothèques et de la lecture publique（直訳すれば図書館・公読書局長）であるにもかかわらず、この言葉の publique の意は、嘗ての「公教育」Instruction publique と同じ意味に理解すべきである。国がすべての人に学ぶ手段を無償で提供するのと同様に、それぞれの市民が（読書によって）パーソナリティを豊かにし、社会における役割をよりよく果たせるように、快適で有用な読書のための図書を利用に供することは、国の義務であると考えられる。これは次のユネスコの公共図書館宣言と同様の趣旨である。「公共図書館は、第一に成人の教育上の要求に役立つよう意図されたものであるが、児童や青少年の読書能力を開発し、学校の仕事も補充しなければならない。」

La lecture publique en France: Rapport du Groupe d'étude.（1968）

（『日仏図書館研究』No.5　一九七九）

マルタン氏来日の意義

一九七九年十二月、日仏図書館学会の招請により、フランス政府派遣文化使節として来日したマルタン氏は、東京と京都において、印刷術の出現とその社会的なかかわりを中心にした図書の歴史に関する講演を、下記の四箇所で行った。

十二月八日　都立中央図書館
「西洋における印刷術の出現—その起源と結果」（通訳・赤星隆子）
十二月十一日　日仏会館会議室
「十五〜十九世紀のフランスの印刷術と社会」（通訳・安江明夫）
十二月十三日　関西日仏学館
「十五〜十九世紀のフランスの印刷術と社会」（通訳・三好郁朗）
十二月六日　日本出版クラブ
「十五〜十六世紀の西洋の書物にみられるさし絵とテクスト」（通訳・松原秀一）

マルタン氏を迎えて

書物が人類の歴史の中で果たしてきた役割を、思想家、社会経済史、技術史を包摂した「歴史家の眼」でとらえたマルタン氏独得の講演は、豊富な実証データを駆使し、スライドを併用した、まことに興味深く、奥行の深い内容をもつものであった。

顧みれば、図書館学や文化史の基礎ともいうべき書物の歴史について、わが国の図書館学教育においては、「図書及び図書館史」の一部に、しかも選択科目としてとりあげられているにとどまり、かくも堂々と正面からとりくみ、これを多角的な視点から広く、深く追求する講義に接する機会がなかったことに、今更気付くのである。我々がマルタン氏の来日講演の実現に当たって懸念したことは、一部の篤志家や書誌学者を除き、図書館員大方の関心を集め得るかどうかということであった。実際に四会場に集まった聴衆の反応には、その専門の如何を問わず、本格的な学問の迫力と魅力に、心をゆさぶられた深い満足が観て取れたことは、主催者として最大の喜びであった。

最後に、今回も通訳として献身的なご協力をいただいた赤星隆子、安江明夫、三好郁朗の三氏をはじめ、多くの方々のお力添えに対して、心から感謝申しあげます。

〈アンリ＝ジャン・マルタン氏略歴〉

一九二四年生。国立古文書学校（Ecole des Chartes）卒。長くパリ国立図書館司書、リヨン市立図書館長などを務め、国立高等図書館学校では「図書の歴史」の講義を担当。現在、国立古文書学校及び高等研究院教授。『書物の出現』ほか著書多数。

（『日仏図書館研究』No.6　一九八〇）

書物・フランス・図書館

一九七〇年五月に『日仏図書館研究会会報』第一号を刊行して、本会が発足して以来、既に一四年が経過しようとしている。まるで嘘のような気がする。時の過ぎゆくことの速さもさることながら、このささやかな会が、歳月によく堪えて存在し続けてきたことが、ほとんど奇跡のように思えるからである。

考えてみればわが国において、フランスよりももっと一般的に馴染みが深く、留学生や勤務経験者もはるかに多いアメリカの図書館についてすら、独自の研究組織や親睦グループの存在を特に耳にしたことはない。イギリス、ドイツ等についても、おそらく同様であろう。ひとりフランス図書館に関する研究団体の存在意義について、正面きって問い詰められたなら、たじろがずにはいられない心境である。

いったい、この会はどういう性格の集まりなのだろうか、また当初の予測をはるかに超えて、どうしてこんなにたくさんの方々が会員になっていただけたのであろうか、と時に考えこんでしまうことがある。

そこで、この会に独自性というものがあるとすれば、それはいったい何だろうと考えてみた。この会の性格を主題分析してみると、〈書物〉〈図書館〉〈フランス〉といった、いくつかのKey wordを抽出することができる。このほか、分出するならば〈情報科学〉あるいは〈ドキュメンテーション〉〈ビブリオグラフィー〉〈国際交流〉〈教育研究〉〈マルチ・メディア〉〈フランス文化〉あるいは〈フランス文学〉などといった言葉も、要素として挙げ得るのかもしれない。が、おおざっぱにいって、ほとんどの会員が、先にあげた三つの言葉のどれか二つ以上の組み合わせで、会につながっておられるのだと思う。そして、たとえば〈書物―フランス〉といった場合においても、単にNDCにおける〇二〇・三五という分類番号の範疇に留まるようなものではなく、その基盤には、それぞれの人たちの極めて個性的な関与、いってみれば心情的な思い入れのようなものが底流として存在していることに注目せざるを得ないのである。

心情的な思い入れなどと、変な表現を用いたが、たとえば遠いむかし、最初に出会ったフランス文学の感動の思い出をたいせつに秘めていることとか、あるいは半ば習慣化した書店めぐりのフランス図書コーナーで、一冊の本を手にして立ちつくした経験とか、あるいは長い間ひそかにあたためてきて、しかも敢えて現実化することをためらっている訪仏の旅の計画とか――それが何であれ、〈書物〉〈フランス〉〈図書館〉にかかわりをもつ人たちが共有する、一種、奥行きの深いまなざしのこと、とでも言えようか。

深読みかもしれないが、この会をして、単に実学としての図書館研究団体に終わらせないできた事情の秘密は、この辺にあったのではなかろうか。強いてこの会の独自性を探るとなれば、私にはそんなふうに思えてならない。

ところで、当初八名の会員で出発し、細々と同好の集いと勉強会を続けてきた本会が、年毎に次第に多彩なメンバーの参加を得て、ようやく会としての内容を整えてきた軌跡を、ここで少しくたどってみたい。

第一号掲載の「発足にあたって」は、会の設立までの経過を述べ、会の当面する課題として四つの事業計画をあげている。

① 書誌の作成と文献資料の収集
② 個人研究、共同研究の開発と推進
③ インフォメーションの伝達と紹介
④ 日仏図書館関係者の交流

よびかけに応じてくれた少数の同志にとっては、将来の見通しもたたない会の実情からみて、これは気宇壮大とはいうものの、多分にあっけにとられるようなことではなかったか、とは今にして思うことである。

ところがその後、その目標をひとつひとつ、曲りなりにも着実に具体化していった会の十四年の歩みは、この会を支えてくれた一人一人の会員の自覚と協力の結集の成果であり、また同時に事務局を引き受けていただいた日仏会館図書室の岡田さんの一方ならぬご苦労に負うところが大きかったものと、ただもう敬服と感謝の気持でいっぱいである。

①の書誌作成については、第二号に「フランス図書館関係文献目録（草稿）」を掲載したのを皮切りに、会員の協力によって年々、補遺・追録を積み重ね、さらに『フランスの公共図書館』の刊行を機に、公共図書館研究グループの皆さん、特に高橋一雄氏のお骨折りによって、和文・仏文の文献目録を、現時点では可能な限りを網羅して収録することができた。

②の共同研究の推進については、図書館用語集の勉強会を一九七五年から開始し、アルファベットの順を追って、根気よく今日まで続けている。その経過については第九号に詳報されているが、単に図書館用語の仏和語彙集にとどまらず、実例を文献に当たって検証し、事典的要素を加味するかどうかの検討段階に至ったこと、開始当初は思いもよらなかったことである。日本語の適訳の決定そのものよりは、勉強会での練り上げの過程での討論こそが貴重だったことを思えば、結果としての仏和対照語彙集にあきたりない気持も当然であろう。引用例も併記した事典的なものができたとしたらすばらしいことであるが、開始から既に十年、決定稿の仕上がりを待っていたら、我々は生存も覚束ない。部分的なサンプルをまじえた草稿段階のものでも、『日仏図書館研

究シリーズ』の第二弾として、ぜひ早い機会に陽の目をみせてほしいものである。

もう一つの共同研究としては、公共図書館研究グループによる『フランスの公共図書館』（一九八一）のしごとがある。これはフランスの図書館の現状を探るとき、lecture publique（公読書）ということばの、概念および実体を知る必要に迫られて始めた共同翻訳作業をまとめたものである。時あたかも、わが国の図書館全国計画（ナショナル・プラン）策定を推進している全公図の事業とも関連し、その〈基礎資料集4〉に「外国の図書館政策——フランスの部」の執筆をこのグループが担当し、あわせて〈NP参考資料〉として同じ書名の『フランスの公共図書館』（一九八一）を別冊として刊行する機会にも恵まれた。

一方では第七号＝「フランスの民衆読書施設—一八六〇年代を中心に」（油井澄子）、第八号＝「ウジェーヌ　モレル覚書」（赤星隆子）、「公読書をめぐって」（波多野宏之）、第九号＝「パリ市立児童図書館—L'Heure Joyeuse の創設とその周辺」（赤星隆子）等の論文発表が、公読書研究の推進に拍車をかけた役割も見落とすわけにはいかない。

そしてさらに、この研究のきっかけを残していったルネ・フィエ氏の来日講演（一九七八）、さらにさかのほればミシェル・ルシエ氏のフランスの図書館組織についての講演（一九七五）にまで、その機縁を探ることができよう。アンリ＝ジャン・マルタン氏の「本の歴史」に関する講演（一九七九）も、別な意味で奥行の深い研究の種子をわが国に落としていってくれた。

これらフランスの第一級の図書館人を招聘できたのも、日仏会館という文化交流の拠点があったればこそで、日仏会館の存在なくして会の今日もあり得なかったものと、感謝に堪えない次第である。

そして今年は、公共図書館研究グループのチューター役だった波多野宏之氏が、ポンピドー・センター公共情報図書館での研修のためフランスに赴くことになった。機が熟しての留学だけに、収穫が期待される。思えば一九六四年にフランス国立高等図書館学校が創設されて、私が留学した時から、ちょうど二十年の歳月が経過している。

当時、何も彼もすべてが手探りだったあの頃のことを想起すると、二十年の歳月は確実に土壌を培い、蒼生をうながし、熟成への条件を整えてきたことを、ひしひしと感ぜずにはいられない。

(『日仏図書館研究』No.10　一九八四)

フランスの情報科学システム
——ケリギー氏講演会の意義

フランスの図書館について、われわれは一般に、古典的なイメージを抱き続けてきた。最近の情報科学の発達に対して、あのクラシックな図書館が如何に対応してゆくのだろうかとは、興味ある関心事の一つではあったが、その具体的な姿を読みとることは、なかなか容易ではなかった。

六年前、われわれが注目して招いたルネ・フィエ氏によるポンピドー・センター公共情報図書館の紹介は、単に度胆を抜くような斬新な構想というだけに止まらぬ、未来をしかと見据えた図書館哲学の存在をわれわれに気づかせてくれた。今後ますます顕著となるであろう情報化社会の中で、図書館の果たす役割の重要性と可能性—その未来への確信のことである。それはフランスの図書館の伝統との断絶の上に構築されたものでは、決してなかった筈である。一見、そのような印象で受けとめられがちではあったにしても。

十七世紀以来の書誌の蓄積と、現代の科学技術との結融は、至難ではあっても、決して不可能な道ではない。われわれはその過程的なものとして、CNRSの開発したセレクトの光学的検索など、意欲的な実験を注目して見守ってきた。ポンピドー・センター図書館が、フランスの図書館界の突出現象に過ぎなかったのではないとすれば、次にフランスにおける全国的な情報ネットワークやシステムは、これからどのような方向に整備されてゆくのであろうか、ということが次の私たちの関心事でもあった。その期待に応えて、CNRS科学技術情報センター（CDST）図書館長ジャック・ケリギー氏が来日された。

一九八五年一月、日仏図書館学会の推薦により、日仏会館の招聘する日仏交換教授として来日したケリギー氏は、東京と京都において、フランスにおける学術情報システムに関する講演会を、下記の三か所で行った。

一月一六日　東京大学文献情報センター・シンポジウム（会場・東京医科歯科大学）
「フランスにおける学術情報システム——一次文献へのアクセスを中心として」
（通訳・安江明夫）

一月二十一日　京都大学附属図書館（共催・近畿地区国公立大学図書館協議会等関係四団体）
「TRANSDOCシステムについて」（通訳・三好郁朗）

一月二四日　日仏会館会議室
「TRANSDOC—文献の電送実験システム」（通訳・三浦信孝）

ケリギー氏は、二年前、三十八歳の若さでＣＤＳＴ図書館という、フランスにおける最大の科学技術文献を網羅する図書館の館長に就任された逸材である。一九四四年ブルターニュ地方の生まれ。アテネのフランス考古学院司書、国立高等図書館学校教授、文部省図書館局員（Secrétariat d'Etat aux Univ.）などを歴任。本会の岡田さんがフランスで研修の際、文部省在職中のケリギー氏の講演を聴いた縁が、今回の来日の実現につながっている。

氏の講演内容は記録に収められているが、情報処理の技術用語やシステムについての理解の浅い私などには、講演を聞いただけでは消化不良の部分が多かったが、今後読み返して理解に努めたいと思っている。東大文献情報センター・シンポジウムの際の聴講者は約三百名、大学図書館の関係者の方たちには、たいへん参考になる意義深い話だったとの反響をいただいて、ほっとしている。

今回のケリギー氏来日のもう一つの意義はＩＦＬＡ（国際図書館連盟）の年次大会が、来年は東京で開催され、さらには一九八九年にはパリ大会が予定されている。そしておそらくケリギー氏は、パリ大会設営の主軸として計画に参画することが予想されることである。その含みもあってか、今回の来日中、ケリギー氏は十か所にのぼる各地の図書館・関係機関を意欲的に訪問し、多くの関係者と交流を持たれた。

特筆すべきことは、日仏図書館学会の会員の方々が、案内や通訳の労をとられたことで、一々のお名前をあげるのは省かせていただくが、貴重な友情のプレゼントに対して、ケリギー氏もいたく感激され、礼状にもそのことを繰返し述べていられることを申し添えたい。最後に今回の来日実現にお力添えをいただいた日仏会館はじめ関係各位に対して、また講演会開催に際して、主催・共催を引き受けていただいた諸団体の各位、特に関西での設営に尽力をいただいた京大図書館坂東瑞照整理課長、東京での講演の通訳を奉仕いただいた安江明夫氏の御労苦に対して、衷心から感謝申しあげます。

（『日仏図書館研究』No.11　一九八五）

図書館からメディアテクへ
――レイネール氏の来日にちなんで

国際図書館連盟（ＩＦＬＡ）東京大会が開催された一九八六年は、私たちの会にとっても記念すべき年であった。それは単に五十人近いフランスの図書館人が日本を訪れて、国際会議に参加したというだけでなく、参加者のそれぞれが国内の各地を訪れ、しかも観光のみに終わらず多少とも日本の図書館の実情に触れて、その認識を深めて帰国されたことである。そのことは、日仏図書館の今後の交流関係にも、新たな伸展とより具体的で、実質的な協力活動の展開を期待させるに充分である。さらにＩＦＬＡのほとぼりのまださめぬ九月末に、フランスの科学技術情報サービスの最先端を代表する、ラ・ヴィレット国立科学技術産業博物館メディアテク館長のフランソワ・レイネール氏が本会の要請に応えて、日仏交換教授として来日された。

氏は十月六日には京都で、八日には東京においてメディアテク紹介のスライドを用いた、興味ある講演を行うとともに、学術情報センター、国立国会図書館をはじめ代表的な大学・公共・学術図書館を見学訪問された。フランスの図書館については、我が国ではその伝統の重みの故にと

レイネール氏を迎えて

かく古典的なイメージでのみ受けとられがちであったが、先には、ルネ・フィエ氏によるポンピドー・センター公共情報図書館の紹介（一九七八年十一月）、そして今回はレイネール氏のラ・ヴィレット紹介によって、その瞠目すべき斬新な図書館の創造が、フランスの図書館の伝統の中で決して突然変異的な産物ではなかったことを、重ねて明確に実証してくれたのであった。レイネール氏が講演の中でも述べているように、ポンピドー・センターの先例がなかったなら、このメディアテクも生まれなかったことであろう。そして更に、日本の国立民族学博物館のビデオテクのロボットによる資料の検索や操作技術が、ラ・ヴィレットのメディアテクにも採り入れられて大いに偉力を発揮していることを知り、意を強くした次第である。図書館はこれからも大きく変貌し続けてゆくことであろう。手稿本の時代から印刷の時代へ、そして書物の保管所から文献活用の場へと、印刷メディアを中心とした文献宇宙を構築し、長い時間をかけて熟成させてきた今日の図書館の基本線は、ほぼ確立されたものと理解されていた。視聴覚資料などのノンブック・マテリアルが、近年にわかに図書館にも雪崩こんできて、その内容は著しく多彩にはなってきたが、それらは付属資料として位置づけられ、主流である書物の聖域を侵したり、あるいはこれにとって替わろうなどとは思いもよらなかった。ところが今や、電子技術を中核とするさまざまなニューメディアを抜きにして、これからの図書館の運営は考えられない時代がやってきた。それらは単に検索のための手段や道具としてだけでなく、厖大な量の紙の文化にとって替わって、文献の内容そのものを高密度に圧縮した別個の記憶装置に蓄積し、電波や回線によって直ちに呼出しも転送も可能な状況を実現しようとしている。つまり人類の知的遺産の保存と活用という、図書館の本質的な役割と基幹部分において、この新しい波が大きなうねりで図書館を根底から揺すぶり始めたのである。これまでのような図書現物の相互貸借や、マイクロフィルム、複写等の郵送によるのではなく、記号化された文献内容の送受信によって実行される相互協力は、図書館間の距離を一挙に縮めることになろう。これが国際的な図書館協力を急速に促進するであろうことは目に見えている。レイネール氏のラ・ヴィレットのメディアテクにおける諸活動の紹介は、このことを聴衆に具体的に実感させてくれた。

ＩＦＬＡ東京大会は我が国の図書館界に、従来ややもすれば観念的に言葉だけが上滑りしがちだった国際協力活動について、より具体的な理解と認識をかなり広範囲に掘り起こし、特に図書館の底辺的基盤とも言える公共図書館の分野に大きな刺激と新たな関心を喚起した点において、貴重な体験であった。我が国の図書館近代化の歩みは、他の諸文化・文物のそれに見られるのと同様に、そのほとんどの精力を専ら西欧先進諸国からの摂取と受容に傾注してきたかの感がある。そのことを痛感すればこそ、外国の図書館関係者が日本の図書館に何かを求めることがあろうなどとは、思いも及ばなかったし、またそうしたことを実感する機会もなかった。しかしＩＦＬＡ東京大会では、少なくとも日本に関心を持つ外国の図書館員がかなりいることがはっきり分かったし、またフランスからの参加者との懇親や交流を通じて、一九八九年のパリでの年次大会には、日本からの参加者の人数はもちろん、日本の図書館の積極的な役割にも期待が寄せられていることを知った。

思えば二十年以上も前、私のフランス留学の折、日本図書館協会の有山事務局長が励ましてくれた言葉が、今も胸中深く残っている。〈お前がフランスで学ぶことは、日本の風土にあった図書館の在り方を探るためである。日本の図書館を如何にすべきかという強い問題意識のもとに、日本を離れ、遠くから日本を眺め直し、その目でフランスをじっくりと見て来い。〉その期待に応え得たかどうかは心許ないが、図書館建設の機運が全国各地に普及してゆく過程で、図書館というものは或るパターンをコピーするようなものではなく、一つ一つが創造であり、また、そうあらねばならないと痛感している。

ポンピドー・センターの公共情報図書館といい、ラ・ヴィレットのメディアテクといい、注目すべきはその外観ではなく、その構想・計画・建設・経営に携わった責任的立場にあった人々の図書館哲学である。つまり図書館の今後の進むべき方向を見据えて、それを如何に機能させるかという点に建築も設備内容も焦点が合わせられているか、どうかということである。成長する有機体である図書館は、最初の哲学がしっかりしている限り、軌道を誤ることはない筈である。一九八九年のＩＦＬＡパリ大会の際は、その後のラ・ヴィレットの成長ぶりを見るのが楽しみである。

（『日仏図書館研究』No.13　一九八七）

ジュヌヴィエーヴ・パットさんを迎えて

――フランス児童図書館サービスの変容と推進

日仏図書館学会の招請で、このたびフランスにおける児童図書館サービス推進の第一人者でもあり、またその活動や施設そのものが注目されてきた「本のよろこび図書館」Bibliothèque "La Joie par les livres" の責任者として、その創設以来長年にわたって、子どもとともに第一線で活躍されてきたジュヌヴィエーヴ・パット女史を日本にお迎えすることができた。女史は東京の、スライドを用いた興味深い二回の講演のほかに、名古屋、さらに石垣島にまで足を運んで、積極的に各地の児童図書館やこども文庫などの関係者と交流し、志を同じくする日本の仲間たちに熱いメッセージを贈り続けるとともに、女史自身が日本から学びとろうとする熱意と謙虚な姿勢で終始された。

大学・短大など研究図書館や専門図書館などの関係者の比率の多い本会の会員にとっては、児童図書館サービスについては一部の関心に留まるのではないかとの危惧もないではなかった。にもかかわらず講演や懇談会はいずれも盛況であり、内容の濃い、充実したものであった。公共図書館の司書にとって、児童図書館（図書室、部門）は一度は経験してみたい職場であり、一度その運営に心を砕いた者にとっては、それは無限の可能性と夢を秘めた独立王国であり、これを不当に低くしか評価しようとしない周囲の無理解との戦いに、いやでも闘志を奮い立たせながら没頭し、知らず知らず深くのめりこんでしまう、魅力に満ちた、ある意味では危険な職種でもある。

児童図書館や児童図書、児童文学などに関心ある人々が、必ず読んだに違いない本の一つに、ポール・アザール著『本・子ども・大人』[(1)]があげられよう。子どもに深い関心を寄せ、子どもをほんとうに理解した、このすぐれた比較文学者の著書の中で、児童図書館について触れた章節[(2)]があり、それが半世紀も前に書かれたものであるとは判っていても、フランスの図書館事情を手探りで学んでいた頃の、フランコフィルの青年図書館員（三十年前の小生）にとっては、それはひどく衝撃を受ける内容のものでもあった。アザールはここでアメリカの児童図書館の例をひいて、これをいたく激賞するとともに、ヨーロッパ、特にフランスなどラテン系諸国における、子どもは大人になるための準備段階にすぎないという根強い固定観念や、無味乾燥な教訓だらけの本を子どもに与えようとする大人たちを痛烈にあざ笑っている。彼はこう述べている。

ヨーロッパでは、不心得な図書館員がいまもなお実に多い。彼らは自分の仕事や休息を、読書しに図書館へくる人びとから守るのが義務でもあるかのように振舞い、図書館にはいってくる者はすべて侵入者で、自分たちの個人的な敵でもあるかのように振舞っている。図書館利用者の皆さん、あなた方は彼らの仕事を邪魔しているのです。彼らはあなた方の御用をつとめるためにそこで働いているのではなく、あなた方に仏頂面をみせ、不愉快な思いをさせるためにそこにいるのです。そのうえ、あなた方が欲しいと思う本は製本中か、それとも貸出中か、さもなければ、紛失しているか、そのどれかでしょう。

アザールは、ここでフランスにおける唯一の例外として、アメリカ人によってつくられた〈愉しいひととき図書館 Bibliothèque l'heure joyeuse〉を紹介し、「子どものための図書館は、学校というよりはむしろ家庭である」という、この図書館長の Charles Schmidt の言葉を引用して、フランスやヨーロッパに、どうすれば真に子どものための図書館の必要性や主張がだんだんに受けいれられるようになるだろうか、と問いかけている。

私がフランスの図書館に初めて接したのは一九六四年のことで、この年に創設された国立高等図書館学校に籍をおいて、BN（パリ国立図書館）やパリ市内の公共図書館につとめて足を運び、フランスの図書館の実態と本質に迫ろうと、自分なりに精一杯試みたつもりである。サルヴァン校長に無理をお願いして、地方の公共図書館見学のため、学校を休み、スケジュールや紹介状まで配慮していただいたりした。今ふりかえると、ずいぶん焦っていたことを痛感する。アザールが毒づいたフランスの図書館員や児童図書館は既に過去の遺物にすぎないことを、何とかしてこの目で確認し、それを実証するに足る、目覚ましい活動を行っている図書館をいくつか発見して、フランスの名誉のためにもこれを日本にも紹介したいものだと。トゥール市の図書館（この図書館のフィエ館長は図書館学校でも読書心理学の講義を担当していた）のロアール川を望む児童室や広々とした青少年室、ボルドー市立図書館の、建物は古いが、美しい庭園をもった児童室、レンヌ市の文化センター図書室での市民参加の創造活動や、その推進（アニマシオン）役のチャーミングな司書の熱意など、古い図書館像からの脱皮と変容の兆しは至る所で感じとれた。クラマールの児童図書館はまだ出現していなかったが、アントニーの実験図書館などとともに、既にその構想は胎動していたようである。一九六五年のDSB（上級司書）の名簿を繰っていたら、PATTE（Geneviève）一九五九（資格取得年）Paris. B. "La Joie par les livres"（B. de jeunes pour Clamart）と記載されていた。クラマールが国営化されたのは一九七二年で、それ以前は私的な存在であった事情からも、パットさんの児童図書館に対する並々な

パットさんを囲んで

らぬ情熱が推測される。ＥＮＳＢ創設以前の養成講習と試験による資格取得であるが、パットさんは現在、文部省の児童読書推進を担当する局長クラスの立場にありながら、同時に第一線の児童図書館員として、その信念と抱負を道端で遊ぶ貧しい子どもたちを相手に日々実践しており、彼女自身、司書としてのその仕事に没頭している時がいちばん幸福であり、生き甲斐を感じているかのようである。子どもの頃に書物と出会うことの意義、書物を通じての人と人との交流、そして読書という極めて内面的で孤独な行為を社会的な営みへと、その輪を広げてゆくことに情熱を傾けるパットさんの瞳には、信念に生きる人特有のきらめきがあった。

注⑴ HAZARD, Paul. *Les livres, les enfants et les hommes.* 1932.
ポール・アザール　矢崎源九郎・横山正矢訳『本・子ども・大人』　紀伊国屋書店　一九五七

⑵ 同　書　第三章第三節　「アメリカの図書館」　一二八〜一三五頁

（『日仏図書館研究』No.15　一九八九）

ミシェル・ムロ氏を迎えて

――新時代を拓く図書館の創造

一九八九年は、日仏図書館学会にとって、画期的な出来事が一挙に花開いた記念すべき年となった。時あたかもIFLAパリ大会が、フランス革命二百年にちなんで開催され、この日に備えて予てから構想のあった『フランス図書館・情報ハンドブック』を〈日仏図書館研究シリーズNo.2〉として刊行し、日本からのIFLA参加者はもとより、フランスの文献を索める研究者や、フランス文化に心を寄せる一般読者にもたいへん好評であった。そしてIFLAパリ大会においても、日本からの参加者総数六十五名のうち本会からも八名が参加し、中でも二人の本会会員（赤星隆子、波多野宏之）が発表を行い、従来とかく観光を兼ねたオブザーバー的参加に終始しがちで影の薄かった日本チームの面目を施し、日本の役割と評価をたかめることに、大いに与って力があった。

次には、図書館におけるニューメディアへの対応を、本会が主催して広くアピールしたことである。この分野において最近目ざましい開発と実績を持つフランスの実情紹介を具体的に行い

（十一月　セミナー＝フランスのニューメディア―書誌・画像・情報へのアクセス）、将来の図書館の活躍分野の拡大と可能性について、確信を持てる展望を提起したことである。このことについては既に、日仏会館図書室においても数年前からフランスとの間に情報検索の機械化を実施し、またパリ国立図書館（BN）との間に出版物交換を推進し、国際的な図書館協力を着実に進めているところではあるが、今回のデモンストレーションは単に文字情報ばかりでなく、BN版画・写真部のフランス革命関係画像資料やフランスの公共図書館の一万四千枚に及ぶ写真を収めたビデオディスクなど、画像情報の収集・整理・保存とその利用に新しい方法を導入しようとするものである。IFLA参加の機にディスクを私費で購入して持ちかえった会員の心意気、そしてアート・ドキュメンテーション研究会や、呼びかけに応えて各種のソフト及びハードを提供してくださった外部の志ある団体の協力が結集されたことも特記しておかなければならない。

そして、いよいよミシェル・ムロ氏の来日である。何がいよいよかと言えば、ムロ氏はほかならぬポンピドー・センターの公共情報図書館（十年前、ルネ・フィエ館長の来日・講演によって記憶に新しいマルチメディア図書館）で、フィエ氏退職後一九八三年から館長を務め、つい最近（一九八八年）新しいフランス国立図書館の建築計画の責任者として、新時代を拓く図書館の創造に全精力を傾けている方だからである。本会の波多野さんが前年ポンピドー・センターでの研修で、直接ご指導いただいたご縁で来日が実現したわけであるが、誠実で暖かみのある人柄と上品な顎髭の風貌から、私と同年輩位の方かと推測していたが、経歴を拝見して驚いた。一九四三年生まれの四六歳、エコール・デ・シャルト（国立古文書学校）という、おそろしく古典的な教育による司書及び古文書士の養成学校を卒業し、一九六七年以降、パリ国立図書館の上級司書、版画・写真部部長を務められた。ＢＮの版画・写真部長といえば、前任者のアデマール氏を始め、歴代、国際的な美術研究家として大人物が就任しており、ムロ氏もまた版画・写真史、ロートレック、印象派画家などについての著作が十指に余る。並みの図書館員ではない上に、ポンピドー・センターのＢＰＩ（公共情報図書館）でのニューメディアと機器を駆使した、図書館サービスの新分野開拓のチャレンジ経験の蓄積を持っている方である。時あたかも、日本でも国立国会図書館が関西に第二館を建設計画中で、ムロ氏の担当されているフランス図書館の建設計画は、他山の石として大いに参考にすべき点であろうと確信したわけである。

ムロ氏が日仏会館と国立国会図書館で行った講演内容は、本誌に掲載のとおりで、よくお読みいただければ、古い歴史と伝統を誇り、それを頑なまでに守ってきたフランスに、新しい内容を盛り込んだ、未来を見据えた図書館を創造することの困難性と、それを大胆に推進する立場にある図書館人としての氏の信念をご理解いただけることと思う。ただ一つ残念なことは、どちらの講演会でもスライドやビデオ、ＬＤなどの資料を用いて、立体的に演出を苦心された講演者の意図を充分に活かせる会場ではなかったことである。エレクトロニクスの技術では世界に誇る日本

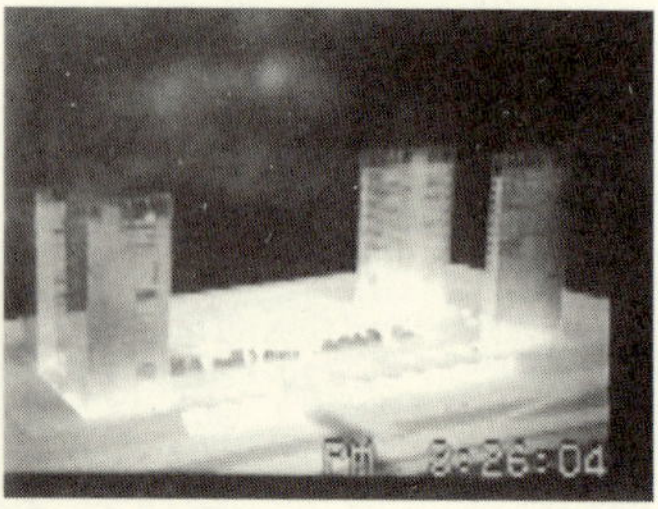

新フランス国立図書館構想をスライドで語るムロ氏

において、その実用化の面での立ち遅れは、今後の反省課題であると痛感した次第である。なお、超特急（ＴＧＶ）をもじったようなＴＧＢ（超大規模図書館）の愛称には、フランスらしいユーモアを感じていたが、正式名称を Bibliothèque de France（フランス図書館）と閣議決定した由、今後ＢＮとの関係やその役割分担のあり方が、わが国の場合との比較において益々注目される。

一九八九年は日仏図書館学会が発足して以来二十年目に当たることを、事務局から知らされて始めて気がついた。ある種の感慨なくして回顧することはできないが、それはさておき、ＩＦＬＡ東京大会（一九八六）からパリ大会（一九八九）を経て、今回のムロ氏招聘に至るまでの会の歩みには、一つの明確な道筋が読み取れて、決して偶然の連続ではない確かな視座と盛り上げの演出意図を感じるのである。幹事の皆さんのご協力と、事務局として犠牲的に奉仕いただいた日仏会館図書室の方々に、心から感謝申し上げたい。

そして一九九〇年一月一日、『フランス図書館関係用語集』を〈日仏図書館研究シリーズNo.３〉として刊行にこぎ着けることができた。用語集の勉強会を始めたのは一九七五年四月三〇日からのことで、実に十五年の歳月が経過している。執念の労作と言うべきか、よく辛抱強く続けてきたものだし、何時までもこねくりまわして酵えてしまわないうちに、という配慮は適切だった。たとえ完全に満足のいくものでないまでも、これを一つのステップとして、次の目標を目指して進むことを我々は既に心得ている。努力の積み重ねを、何か形あるものに纏めていきながら、成果を（同時に我々自身の未熟性をも）確認しながら、より充実した会に育て上げ、この会の存在意義をより高めていって欲しい。「フランス図書館関係和文文献目録」も会創設以来の蓄積がある（一九八一『フランスの公共図書館』に一部収録）。また今年は、日仏両国図書館人の提携によって「日仏間における情報アクセスの現状と将来展望に関する基礎的研究」というテーマで共同研究事業も計画されている。会報第一号に掲げた四つの目標課題（夢物語と人にも言われ、自らも半信半疑の努力目標に過ぎなかった）の全てが実現を見ることになる。サルヴァン女史もルシエ夫妻もフィエ氏、マルタン氏、ケリギー氏、レイネール氏、パット女史、そしてムロ氏も暖かい微笑で見守ってくれることだろう。

（『日仏図書館研究』No.16　一九九〇）

「日仏図書館学会」の創立二十周年にあたって

日仏図書館学会が発足してから、今年で二十周年を迎えた。地味な研究団体なので、この会の存在を知らない図書館員も数多いことと思う。だが、このところＩＦＬＡ東京大会からパリ大会にかけて、図書館界にも国際化の気運が急速に高まるとともに、この会が長年にわたって積み重ねてきた仕事がいささかお役に立つこともあったもようで、編集部（図書館雑誌）からこの会の歩みや現況について紹介せよとのことである。会の発足当初から関わってきた者の一人として、報告だけは果たしたいと思うが、現在の会の活動を支えているのは、次世代の若手メンバーによる執行部の熱意と実行力に負うと同時に、全国各地に散在し、しかもこのような地味な会に関心を寄せ続けていただき、現在では百名を超すに至った会員諸氏の協力のおかげであることを、まず明記しておきたい。この会は一九七〇年三月に、有志九名が日仏会館図書室に集まり、「日仏図書館研究会」（Société Franco-Japonaise des Bibliothécaires）と命名して、会則、事務局（日仏会館図書室）、世話人などを決め、その世話人代表（会長）として当時、東京都立日比谷図書館長でいらっしゃったフランス文学者の杉捷夫先生をお願いして発足した。設立の主旨につい

20周年記念セミナー

ては会報第一号に詳しいが、要約すれば、当時アメリカ図書館学一辺倒の観のあった日本の図書館界では、旧大陸の図書館は、その古い歴史と伝統の故に、かえって旧世紀の遺物視され、研究もおろそかにされたまま、正当な実態把握も評価もなされていなかった。そのような実情を認識し、特にフランスの図書館について、心ある者たちの研究を結集し、彼我の交流と協力によって、図書館学にもっと奥行きと可能性を探求しよう、といった主旨のものであった。だが、それよりも会の設立を急いだ直接の動機は、『図書館雑誌』（第六〇巻四号）に「フランスの図書館に学んで」と題して小生が発表した報告に刺激されて、フランスでの研修や留学を志す者が続出し、この同志たちのためにも、これをバックアップできるような組織の必要性を痛感したことにあった。

会は活動の目標として次の四つの柱を立て、それぞれ着実に実行に移していった。

一　会報（研究論集）、ニュースレター等の刊行

二　フランス図書館関係の書誌作成と文献資料の収集
三　日仏図書館関係者の交流と講演会、セミナー等の開催
四　個人研究、共同研究の推進

一九七四年からは、日仏会館を拠点とする関連諸学会のメンバーに加えられ、「日仏図書館学会」と改称し、フランス政府の公的な援助対象団体として認可された。これによってフランスから専門家を招聘する道が開かれた。ミシェル・ルシエ氏（パリ市庁図書館長）、ルネ・フィエ氏（ポンピドー・センター公共情報図書館長）、アンリ＝ジャン・マルタン氏（国立古文書学校教授）、ジャック・ケリギー氏（国立高等図書館学校長）、フランソワ・レイネール氏（ラ・ヴィレット・メディアテク館長）、ジュヌヴィエーヴ・パット女史（本のよろこび図書館長）、ミシェル・ムロ氏（高等図書館評議会副委員長）など図書館界の第一人者が来日し、各地で講演会や交流・懇談の機会をもった。会報『日仏図書館研究』はその詳細な記録とともに、会員の研究を発表し、号を重ねるごとに充実していった。有志会員の勉強会の成果をまとめた〈日仏図書館研究シリーズ〉は、『フランスの公共図書館』、『フランス図書館・情報ハンドブック』、『フランス図書館関係用語集』の三冊を刊行した。そして、今年はいよいよ「日仏間における情報アクセスの現状と将来展望」をテーマに、両国の図書館人の提携によって共同研究に着手する予定である。

（『図書館雑誌』第八四巻第一〇号　一九九〇）

杉捷夫先生と日仏図書館学会の二十年

一九九〇年十二月一〇日、私たちの日仏図書館学会の会長でもいらっしゃった杉捷夫先生が急逝された。フランス文学者としての数々の業績や、日本学士院会員、東大名誉教授、元日本フランス語フランス文学会会長など、先生のお立場を飾るにふさわしい称号は、当然ご専門のフランス文学研究に深く関わる領域のものであるべきであろう。しかしながら、杉先生にとっては僅かな期間に過ぎなかった公共図書館の館長という職務と、それを機縁として繋がりをもつに至った日仏図書館学会との関係は、先生の最晩年の二十年間を、時にはお心を煩すこともあったかも知れないが、図書館と司書という専門職への深い理解と期待感（私達には過信と思える程の）を支えとして、文献センターの構築というご自分の長い間の夢を、より具体的にイメージし、その実現に心を砕くなど、或る意味では充実と慰めの時間をもたらすこともあったのではなかろうかと推測する。一九八〇年から八一年にかけて刊行の『フランス文学研究文献要覧』全五巻（日外アソシエーツ刊）は、杉先生を主幹として本会の岡田恵子さんも書誌の作成・編集に参加しているが、その「はしがき」に先生は次のように述べている。

将来の目標として、できるだけ多くの文献資料を保有するという仕事は、一応目標に止め置くとして、当面、フランス文学研究に関係のある文献を可能な限り洩れなく調査して記録するという仕事がある。フランスやそれ以外の外国で出版されたものはむろん、日本語への翻訳を含めいっさいの文献が書誌目録またはカードの形でセンターに保存され、文献の所在がつきとめられ、できれば、すべての研究者が支障なくそれに近づく道をつけて置く、そういう態勢がととのうとすれば、研究者にとって、相当評価のできる便利ではあるまいか。

また、『日仏図書館研究会会報』No.2にも「フランス文学文献センターのこと」と題して寄稿され、その中で、センターの趣旨は「すべての研究者が必要とするすべての文献に障害なく近づきうる道をつける」というのにつきると述べ、大学の枠を越えた資料の共同利用を実現しようとされた杉先生の、学究生活最後の夢を、熱意をこめて語っておられる。これはガブリエル・ノーデの「学ばんとするすべての人に…」（「図書館設立に関する意見書」より）という言葉を想起させ、また、杉先生が日比谷図書館長時代に、若い図書館員たちとともに学ばれた図書館哲学の実践的目標でもあった。杉先生は、少年のような率直な目で図書館を見つめ、そこから真摯に学びとろうと努められた。

私個人としては、実にたくさんのことを学んだ。もっとも、そのことは、図書館法という独立の法律があることさえ知らなかった我が身の無知の上に成立した事態であることも、かくさず記しておかねばなるまい。しかし、生涯学ぶ人間でありたいと念じている者にとって、とにかく、たくさんのことを学べたということはありがたいことである。（中略）たくさんのことを学ぶと同時に、私はまたたくさんのことを空想する楽しみを覚えた。現実の仕事がはかどらない以上、せめて理想の世界を築いて、それで自分の時間をみたそう。とりとめのないことでも口にしたり、筆にしたりして居れば、いつか誰かが、とりあげてくれるかも知れない。(1)

私の描く空想の中で一番楽しいのは、図書館同士の相互協力が完全に実現したときのすばらしい光景である。（中略）この新しい知識にも多少の驚きが伴ったが、それ以上に共感の念が強く湧いた。(2)

先生の文献センター設立の構想（フランス語・フランス文学研究文献センター準備会）は、このような背景があって、空想の楽しみから、次第にその翼を拡げ、具体的な着手への悲願へと、先生を駆り立てていったのであろう。僭越な言い分ではあるが、杉先生と本会との繋がりの糸は、世人の気付かぬ部分で大きな意味を秘めていたものと思量されるのである。

杉先生が東京都立日比谷図書館長に就任されたのは、一九六九年一月のことであり、そして本会が杉先生を会長に頂いて正式に発足したのが一九七〇年三月であった。会の胎動は数年前から兆していたものの、もし杉先生が公共図書館長というお立場にいらっしゃらなかったなら、本会

杉会長との語らい

はこのように躊躇もなく結成に辿り着きはしなかったであろうし、今日の存在も或いは不確かなものであったかも知れない。本会の活動が本格的に活発化していったのは、杉先生が日比谷図書館長をお辞めになってから以後のことであり、退職されてからの杉先生はご病気がちでいらっしゃったので、会合への出席も思うにまかせず、ご自身それを心苦しいと、釈明のお便りをしばしば寄せられたものであるが、私たち会員にとっては杉先生の存在そのものが常に心の支えであったことを、杉先生を失って以来の月日の経過とともにしみじみ痛感せずにはいられない。杉先生が都立日比谷図書館長として在任中に、最も大切なライフワークのご研究も中断して、職責である東京都の図書館振興策の推進に尽力されたお仕事ぶりやその業績については、既に多くの方々が語っている。(3) 中でも前川恒雄が「人の意見を聴くという先生の態度は、誰に対しても誠実で真剣であった。聴いてやるという姿勢ではなく、教えて欲しいという気持ちがにじみでていた。だからかえっていい加減なことを言うと、先生の真面目な質問にあって立ち往生するようなふうだった。先生のような立派な学者の謙虚な姿は私達を打った。（中略）専門家としての司書をもったいないほど高く評価してくれた先生は、いつも『私は素人ですから』と言い、司書を前面に立ててことに当たらせるようつとめ……」[4]と書いているくだりは、本会での杉先生のご姿勢とも完全に共通するものであり、改めて感動を深くした次第である。杉先生の「図書館政策の課題と対策」への粘り強い取組みとその成果は、もちろん先生を前面に押し立ててこの一大課題に立ち向かった若い図書館員たちの英知と努力の結集によってもたらされたものであろうが、これは単に東京都の図書館だけの問題に止まらず、全国の図書館改革の指標としてその後、各自治体の中長期計画には必ず先進的な判例として引き合いに出され、「中小レポート」と並んで日本の図書館振興の牽引力の役割を果たしたものであった。私などは個人的には杉先生がお気の毒でならなかった。絹のハンカチをぼろ雑巾のように……といった印象で、勿体なくて胸が痛む思いだった。でも、杉先生のお人柄のおかげで、都立日比谷図書館の品位は格段に高められ、都立中央図書館の基礎もしっかりと固められたのであった。振興策との悪戦苦闘でお疲れのご様子の杉先生を、少しでもお慰めしたいという気持ちも私個人としてはあった。しかし、図書館長という激務の上に、更に余計な団体の会長までお願いして、なお一層肩の荷を重くするのでは、というふうには思わなかった。この話に、杉先生はきっと愁眉を開いて、ほっとなさるに違いないという推測と確信に基づいて事を運んだ。幸い、立教大学時代に杉先生の教え子であった星野紘一郎さんが日仏会館図書室に勤務しており、彼を通じて杉先生のご意向を打診したところ、快くご承諾をいただいた。

一九七〇年三月十三日、日仏会館図書室で発起人会を開催、会の名称、会則、役員を協議・決定し、この日をもって会は正式に発足した。参加者は杉先生を含めて有志八名、オブザーバーとして、来日中のロンドン・フランス学院図書館員のジョンソン夫人が加わり、種々アドバイスをいただいた。会の名称は「日仏図書館研究会」La Société Franco-Japonaise des Bibliothécairesとし、役員は杉先生のたってのご意向で「世話人」という名称を用い、世話人代表杉捷夫ということなら引き受けましょう、ということになった。「会長」でも同じことなのであろうが、敢えてそういう表現に固執される杉先生の含羞のお人柄に、私達は皆惹かれ、誰も異議を差し挟む者はなかった。ちなみに世話人には当日の有志全員（赤星、永尾、油井、岡田、星野、松野、小林）が当たり、これが即、この会の会員総数でもあった。この日の杉先生は穏やかで、かつにこやかでもあった。そして真面目な顔をして、この会は正確には La Société Amicale des Bibliothécaires Francophiles でしょうね、などとユーモア好きな一面も伺わせた。

会がその後、細々と、そしてある時期からは生き生きと活動を展開しながら、こんなに長く続いてきた理由の最大のものは、日仏会館図書室という絶好の拠点に事務局を置かせていただいたことである。（杉先生から Dollander 学長に正式に認可をお願いし快諾をいただいた。）しかし最も見過ごしてはならないことは、それが単に場所の提供だけに止まらず、会館図書室の職員の方々が（正確には岡田恵子さん、最近では清水裕子さんが中心となって、その周囲の方々や在京会員の協力を得ながら）、事務処理・連絡・会活動の推進に関する適切な対応などを、その都度、時宜を失することなくテキパキと処置してくださった献身的な努力に、この会の最も肝心な部分が支えられてきたことである。滅多に会館にお見えにならない杉先生も、常に連絡を絶やさない岡田さんとの接触によって、最後まで会との繋がりと親密感を保持されていたことは、「文献要覧」作成メンバー中の唯一の司書（専門家として先生は高く評価されていた）への同志的友情に負うと同時に、奥様を亡くされて後のお寂しい先生にとって、会からの連絡は少しは気を紛らしてくれる定期便のような役目も果たしていたのかもしれない。ただ私個人として悔やまれることは、杉先生をもっと表面に引っ張り出すことに消極的過ぎたということである。畏敬の念からの遠慮と健康への気遣いからではあったが、会の発足当初からのメンバー以外には、杉会長と接する機会が殆ど無く、そのお人柄から滲み出る真摯で謙虚な学究としての発言や、誠心誠意ひとの言葉に耳を傾けてくださる優しさと、いい加減な妥協をしない真理の使徒としての厳しさ、そして意外な程にユーモアを愛される父親のような存在の会長を、総ての会員に知っていただけなかったことが最大の心残りであった。

山の上ホテルの Chez nous での会合（一九七一・一・五）のことが忘れられない。まだ日比谷図書館長でいらっしゃった杉会長も出席され、この日のテーマは、永尾信之訳『文書館』（文庫クセジュ）の出版記念と星野紘一郎・岩波書店図書室勤務の祝賀、更には油井澄子・フランス留学生試験合格祝いと、めでたい尽くしであったから、すこぶる和やかなコンパであった。『文

ルシエ氏（左）と杉会長（右）

杉先生の書斎で

書館』は杉先生の序文で飾られ、油井澄子留学推薦状は杉会長名、そして岩波書店……。杉先生と隣席で、この日何を語り合ったか記憶は確かでないが、フランス留学中の岡田、町井両名の消息、パリ国立図書館勤務の小杉恵子の活躍ぶり等、この小さな会（会員はその頃十九名）が明るい話題に満ちていたこと、この会を作って本当に良かったという張り合いと共感を誰もが持っていた、バラ色の季節……その頃の杉先生の美しい白髪とお顔の色艶が、そのことを象徴しているかのようであった。一九七二年七月、杉先生、日比谷図書館長を辞任。朝日新聞は「ああ官僚主義―疲れきって辞任へ」の見出しでこのことを大袈裟に報道していた。声を呑む思いだった。

一九七四年六月、日仏会館に事務局を置く日仏関係諸学会との関連で、「日仏図書館学会」と改称、フランス政府の公的な援助対象団体として認可されることになった。その蔭には、当時の学長で図書館員の仕事を高く評価してくださった Bernard Frank 氏の理解があり、日本側の理事を説得されて、本会を傘下学会に加えることに尽力されたと聞き及んでいる。早速、フランス政府派遣文化使節としてミシェル・ルシエ氏を申請、翌七五年一〇月、同氏夫妻の来日が実現した。一〇月二十一日、都立中央図書館での講演会で、会長として杉先生が挨拶されたのが、本会の公的な活動に先生がお姿を見せた最後の機会となった。その日もひどくお疲れの様子で、講演中も椅子に座っているのが辛そうにお見受けした。その後の会活動の伸展ぶりについては他の記録に譲りたい。

一九八八年五月一四日、杉先生宅に有志がお邪魔して、先生を囲んでお話を伺う機会を持った。その内容は『日仏図書館研究』に採録報告されているが、記録を避けたお話の中で、先生は御自宅の敷地の半分を売却（億単位）し、文献センターの設立と、これを運営する司書の人件費に当てたいご意志と、その可能性を真剣に私達に打診され、一瞬ぎょっとした。奥様を亡くされ、お子様のないご家庭は心なし淋しさがただよい、もっと伺いたかったことも沢山あった筈なのに、口に出せなかった。その後の御遺志の継承とその顛末については、然るべき人からの報告に待ちたい。(5)

未熟な集団に過ぎなかったこの会を、最初から暖かく迎え入れ、そして終始優しく見守ってくださった杉先生に、心から感謝申しあげ、ひたすらご冥福を祈るばかりである。

〈師の吾を長く見給いし如く、吾もまた人を長く見む〉

注(1)　杉捷夫「三年目に向って」『図書館雑誌』第六五巻第一号　一九七一　四～五頁
(2)　同　右
(3)「追悼　杉捷夫先生」『図書館雑誌』第八五巻第三号　一九九一　一五一～一五二頁
「追悼特集　東京の図書館史における杉捷夫氏（元都立日比谷図書館長）の果した役割」『みんなの図

書館』一九九一　四八〜六二頁
(4) 前川恒雄「杉捷夫先生の業績」『みんなの図書館』一九九一　四八〜五二頁
(5) 本間暁「杉捷夫文庫（仮称）について」『早稲田大学図書館紀要』一九八九　六四〜六七頁
中條忍「杉捷夫先生と文献センター」同　右　六八〜七一頁

（『日仏図書館情報研究』No.17　一九九一）

日仏図書館交流の今昔と将来展望

発想の段階では、或いは夢にすぎなかったかも知れない日仏図書館の交流という、本会の目標の一つが、単にフランスの図書館人・研究者の招聘など、一方的な受入れ交流の域を脱して、会発足二十年にして、両国の図書館関係者の提携による共同研究の実現を見るに至った。そして、これを端緒として更に実質的な交流の輪が大きく拡がろうとしている。その推進に当たってきた会員ならびに役員諸氏の尽力と、何よりもその企画・発想と、その志の高さ、そしてそれを実行に移してゆく行動力とに対して、心からの敬意を表したい。日仏図書館情報学会という本会の名称や趣旨にもかかわらず、この会は、言ってみれば、フランスへの親近感や傾倒の気持ちを、各地の図書館で、孤独のうちにひそかに温めてきた人たちが、この会に志を寄せ、共に学び、励まし合う、同士的結合体として存在してきた。それはそれで充分に存在意義があったと確信している。

しかしフランスの図書館や図書館員が、日本の図書館や図書館員に何かを求めたり、共に研究を進めたりすることがあろうなどとは、会の発足当時には、予想もしなかったし、思いもよらぬことであった。彼我の図書館を取り巻く状況の変化、図書館の機械化による情報流通の革命と急速な国際化の進展、そして今後益々開発・創造が期待される図書館情報学の分野における無限の可能性への模索の気運の高まり等々が、時代の要請としてこうした現象を必然ならしめたのかも知れない。はっきり言えることは、この二十余年の歳月、本会が指向し、蓄積してきたものが、着実に道を開き、それを踏み固めながら、次第に目標をたぐりよせ、次の段階へと成長力を養ってきたということである。

一八号を重ねた機関誌『日仏図書館情報研究』や「日仏図書館研究シリーズ」刊行の歩みが、このことを端的に物語っている。先ずフランスの図書館事情の模索と研究を手始めとして出発し、同時に最も基礎的な図書館用語の勉強会を十五年間にもわたって継続し、前者はシリーズNo.1『フランスの公共図書館』として刊行（一九八一）、後者はシリーズNo.3として『フランス図書館関係用語集』（一九九〇刊）に纏めあげていった執念は、これは尋常のものではない。内外の良き理解者や援助・協力に支えられてきたことも幸運であったが、それも本会の構成メンバーの一人一人に繋がる人脈や、その人徳がもたらしてきたものと考えたい。そして、ＩＦＬＡ東京大会やパリ大会における本会会員の活躍なども、国際的な評価を高めることにおいて、与って大いに力があったことと確信する。

私がフランスでの図書館研修に赴いた一九六四年当時、日本では、フランスの図書館に関する情報も関心も皆無に等しい状態であった。日本の図書館界は、時あたかも「中小レポート」の作成時期で、第一線図書館に視点を据えて、諸外国にも若手の図書館員を派遣し、日本の風土に最も適した図書館の在り方を探って、ブロック別検討会を開いたりして、改革の大きなうねりが国中に巻き起ころうとしていた。

古い図書館像の打破をめざす図書館員の大方からは、フランスの図書館は、その伝統と歴史の古さの故に、むしろ否定の対象に近いものとして無視されていた。その実体を詳悉することもなしに。そのことへの義憤が私を駆り立てていた。真実は果たしてどうなのか、正直のところ一縷の不安を覚えながらも、それを是非ともこの目で見極めなければならないと思った。使命感のようなものが肩に重くのしかかり、それが私を悲壮な志士の心情に駆り立てていた。

でも、フランスの図書館は、私の焦燥の心に安らぎを与えてくれた。なるほどパリ国立図書館は古くて、狭くて、不便であった。何処も彼処も時間の澱がしみついていた。一字一字、羊皮紙に丹念に書き写された中世の写本を手にして、これが造られた何百年かの遥かな過去に思いを馳せ、真理を後世に伝えるための作務に生涯を捧げた写字僧たちの仕事をしみじみと振り返る時、図書館の原点に触れたような気がした。図書館というものは、息急きって立ち向かうような仕事ではないことを、はっきりと思い知らされたのである。図書館員は、その眼差しを歴史の流れの中にもう一度浸して、図書館の仕事が本質的にもっている《未来への確信》を回復しなければならない、と。

フランスの図書館界にも、古いものに固執するタイプと、脱皮と改革を目指す新しい波との摩擦が窺えた。後者に属し、サルヴァン校長も一目置いていたトゥール市立図書館長ルネ・フィエ氏の出張講義は、私にはいちばん印象的であった。サルヴァン先生は、校長という立場もあって、学生たちはとかく敬遠しがちであったが、私には実に優しく、遠い国から訪れたbibliothécaireを、常に厚意をもって遇してくれた。正直なところ、マルタン氏の厳しい授業は苦手であったが、毎週リヨンから時間通りに、大きなトランクに一杯詰めた稀覯書を次々に取り出して、蘊蓄を披瀝するその学殖には敬服せざるを得なかった。この御三方とも、後に（一九七一年、一九七八年、一九七九年）来日され、本会とも深い関わりを持つことになる。だから、日仏図書館交流の萌芽は、この辺の時点に遡るべきなのかも知れない。何故なら、外国人にも公式に門戸を開いたフランス国立高等図書館学校の存在が、日本に紹介されたのはこれを動機としてであり、ここを志願する後進たちが続々と出現してきたことが、本会の設立を促した直接の動機でもあったからである。そして、期待に応えて摂取してきたものを新しい風としてわが国にもたらし、その後の活躍や研究成果を積み重ねてきた優秀な後輩たちと、本会の趣旨に共鳴して会に参加し、熱意をもって活動の推進に当たってくれた会員諸氏の努力によって、本会は支えられて、今日に至ったのである。

話は少し遡るが、明治期の日仏図書館関係については先に触れたことがあるが、フランスの「ビブリオテーキ」その他欧米の大書堂を見聞した使節団の報告等によって、初めて図書館というものを知り、これを日本に摂り入れた明治政府にとって、「仏国学制」にしてもその他の文物諸制度にしても、国内体制整備のための範をこれに求め、探り、専ら摂取の対象としてのみ存在していた。国際協力の仲間入りをするまでに成長を遂げるには、日本の図書館は長い低迷の歳月を重ねなければならなかったのは当然のことであった。

これに続く大正時代には、図書館交流と言ってよいのかどうか、隠れたエピソードとして、意外な先輩の微笑ましい活躍の記録が残されている。内藤濯の遺品のなかのフランス留学時のポケット判日記が、『星の王子パリ日記』（内藤初穂編　グラフ社　一九八四刊）と題して刊行されているが、一九二三年四月三～九日、パリで開催された図書館会議（「図書館員および愛書家会議」＝図書館員の職業上の諸問題と図書館の国際協力を主として討議）に、彼が日本代表として正式に文部省から参加を委嘱された時の様子が、数ヵ所にわたって記述されている。興をそそられる部分を、多少長くなるが引用させていただく。

四月三日（火）　今日から万国図書館員会議がソルボンヌでひらかれる。準備会議で、自分は日本の代表者であるところから名誉議長に推挙される。大いに困ったがとにかく無事に切りぬける。

Je suis très ému d'avoir pu assister à ce congrès comme délégué du Japon. Je ne sais comment vous exprimer mes sentiments respectueux et sympathiques qui débordent de mon coeur...... J'éspère bien que les liens d'amitié qui existe déjà depuis assez longtemps entre les deux pays soient beaucoup plus resserés par ce congrès si bien organisé et si important.

といったような言葉をのべる。午後、第二部の会議にのぞむと、いきなり議長席につかせられて甚だ面くらう。

妻への書簡（四月三日付）

会は、アンリ・マルタンという会長と文部大臣レオン・ベラールとの開会の言葉でひらかれた。どちらも日本ではとても聴かれそうもない花も実もあるものだったが、それがすむと（中略）、不意に議長は「日本政府の代表者アロー・ナイトー氏」と宣した。

一体巴里の日本大使館はすこぶる不親切で、今度の会議についても只一言の助言も与えてはくれない。（中略）そこで議長のこの宣言は全く不意打ちであった。しかし困っていたところで何うにもならないから、もう全く焼けくそになって立ち上がった。とにかく演壇には此の仏蘭西の豪の者共が星の如く居ながれているのである。其の前で口を切るのであるから、十分の用意がなくては出来ないわざである。（中略）「議長閣下、淑女及び紳士諸君」とうんと力を入れて口を切った。人間というものは、こんな場合になると変なもので妙に度胸が据わってくる。一とおりの挨拶の言葉を並べたあとで、「すでに久しく両国の間に存在する友情の絆がこの重要な会議によって更に引きしめられる事を望む」と結ぶと、文部大臣はじめ一座の人はさかんに拍手をしてくれた。

妻への書簡（四月九日付）

私が報告演説をやったのは五日の木曜日であったが、これも自分の予期以上に一座の注意を引きよせることができた。日本の読書界の現状を形容詞沢山であらまし話をした。政府からも大使館からも一つとして材料をよこさないのだから、うんと形容詞でも使わなければ話しにならなかったのである。其のあとで、とにかく今の日本には仏蘭西の書物が甚だ乏しい。何かひとつの研究をやるにしたところで、すぐには自分の望む書物を手に入れるわけに行かない。しかるに吾々日本人の仏蘭西に対する同情は日に日に加わってゆく。仏蘭西語を研究する学生の数の如きは、大戦争以来、殊にフランス大使ポール・クローデル氏が日本に赴任して以来、日に日に加わって行く勢である。諸君は我が日本の此の現状に着目して文化の交換に力を入れて頂きたい……と言ったら満場破るるほどの喝采であった。（中略）八日の日曜の夜は会議員全部の宴会であった。（中略）私はまた立ち上がって一応の挨拶をしなければならなくなった。しかし最初の日とはちがって、こちらも最早大分落ちつきが出来ていたので、お茶を濁すより以上の事が口から出て来た。「このようにおもてなしのよい宴席へのぞむ事のできたのは、私の甚だ嬉しく思うところである。私は多大の興味をもって諸君の御報告演説を拝聴した。そして日本の図書館が設備の上において教えられる所の多かった事を有りがたく思う。自分の特に感動したことは諸君の書籍に対する愛が、人類の幸福のために諸君が絶えず奮闘しておられる精神と同じ源から発しているのを明らかに知り得たことである。（中略）仏蘭西と日本の芸術の間にはかように興味のある一致がたやすく見出されうる。かような一致が国交の上に美しく打ち立てられたならば、それは両国の幸福であるばかりでなく、やがては世界人類の幸福でなければならない。」と言うと、割れるような拍手が宴席に起こった。私は全く夢を見ているような気持ちであった。口先のことでなく此の言葉は私の腹から絞りだされた。よくもそれだけの事が言えたものだと自分ながら不思議に感じた。宴席が撤せられると、右からも左からも私に握手を求める。（中略）私の心は何とも言い表わしがたい感情で一杯になった。自分のためではない。自分を生んでくれた「日本」のためによい事をしたという感じが、今までに殆ど経験したことのない満足を私に与えていたのである。

現代の若い図書館員は、この辺の感覚をどう受け取るのであろうか。歳月は流れ、敗戦によって漸く民主化された日本の社会の変貌は著しく、「一身にして三世を経る」の感慨ひとしおのこの頃である。大正生まれの人間には、アロー・ナイトー氏の感傷は身につまされてならない。日本の図書館員という職業に就いてしまった以上、彼にあって、我にないものに気付けば、この遅れた国の情け無い図書館を、何としてもより甲斐あるものに変えてゆくため、きりきり舞いするのが図書館員の宿命（使命）であるかのように、私などはすっかり思い込んできてしまった。在仏中も、事毎に日本の図書館を思い合わせては、胸が痛むことの連続であった。新しい図書館像創造の役割を担う若い世代の図書館員のつもりでいたのに、戦後四十五年間に図書館事情も大きく変わってしまい、今も図書館学教育に携わる身でありながら、教育部会（日図協）と図書館現場とのギャップが慨嘆されてならない。図書館における情報処理の機械化は、今後も益々普及し続けるであろうし、司書のコンピュータ・リテラシーは間違いなく常識化することであろう。ところで問題は、その後と、それ以前との両方にあると思う。コンピュータを用いて何をどうするのか、という視座の確認と、もう一つは図書館の根源に関わる哲学の問題である。パソコンの操作技術の上達が、即、有能な司書の証しなのではあるまい。

これからの日仏図書館の交流も、その距離と時間を短縮する効率化の役割を担って、コンピュータが常に前面に出て活躍することであろう。図書館ビジネスとしての情報処理技術の開発と活用が、図書館学の領域において主役の座を占めるかの様相を示すかも知れない。しかし私は信じている。ゆるやかな時の流れの中で、人類の知恵が熟成してゆくものであることを。図書館は、器としても機能としても、態様の変貌は不可欠であろうが、その仕事に携わる司書は、常に真理の使徒としての役割を忘れず、健全な懐疑の炬火を灯して、自らの歩む道を照らし続けるであろうことを。

（『日仏図書館情報研究』No.18　一九九二）

お茶の水での四半世紀
――日仏図書館情報学会と日仏会館の絆

日仏会館が恵比寿へ新築移転して、思い出の多いお茶の水を離れることになった。会館の発展はもとより喜ばしいことであるが、一九七〇年の春、お茶の水の日仏会館図書室で設立準備を整え、ここで発足した本学会としては、以来二十五年間の活動の全てをここを拠点として推進してきただけに、この図書室には愛着や思い入れがひとしお深く、一つの時代が画され、終わったという感慨を覚えてならない。

日仏会館の図書室というところは、たまに訪れる部外者の目には、ちょっとエキゾティックな魅力あるラウンジのような印象で受け止められた。そこで働いている職員の苦労も知らずいい気なことを言うようだが、それは森の中に思いもかけず満々と水を湛えた池が鎮まっているような趣で、そこに志を秘めた有為の士女がしばしば足を止め、屈託の時を過ごし、それをまたおおらかに容認する mécénat（学芸擁護）の雰囲気を感じさせる空間でもあった。フランス文化への窓口としては地味過ぎるたたずまいではあったが、ここを訪れる各人の胸に充溢する思いが、その小さな窓口を通して、遥かフランスに通じる夢を抱かせてくれるかのようだった。われわれの会もここに集い、ささやかな勉強会を開き、人づてに同好の仲間が少しづつ増えてゆく。ただ、それだけのことが、とても楽しかった。留学生試験を目指す仲間が出てくる。みんなで応援し、それが次々に実現してゆく。そのことがとても嬉しく、張り合いがあった。そのようなアンティームで稚い会合であった時代が、四半世紀を隔てた今、ひどく懐かしまれてならない。というのは、私はこの三月に定年退職し、四五年間のライブラリアン生活に別れを告げた。過去を偲ぶために往時を振り返るのではなく、図書館を離れてなおライブラリアンには一体何が残されているのだろうか、自分の歩いてきた道筋を辿りながら、この会との関わりについても確かめ直してみたい。また、本学会が日仏会館と手を携えて、日仏の学術文化交流を共通の使命としてきた、その四半世紀におよぶ友好関係についても、この際あらためて確認しておきたいと思うからである。

日本の図書館の近代化は「図書館法」の成立（一九五〇）に始まることは既に定説であり、この法律に基づいて発令された司書の第一号として図書館員生活をスタートした私の職歴は、黎明期の日本の図書館が辿った模索の歴史そのものでもあった。閉架方式を改め、開かれた図書館を実現させるために、あるいは貸し出しの煩瑣な手続きを廃し簡素化に踏み切るためにすら、どれほど忍耐強い戦いと精力の浪費を余儀なくされたことか、当時の図書館を知らない人には到底分かっていただけないことと思う。古本屋の店頭と大差ない出納窓口に、レファレンス・サービスを導入して、これぞ図書館員の生き甲斐と感激した頃のこと。古い図書館観と対決し、この頑迷な土壌に新しい風を吹き入れるために、全国の若い図書館員たちが心を燃やした時期に、図書館の新世界を探って、多くの人々がアメリカを訪れた。一方で、日本図書館協会の有山事務局長とともに、日本の土壌を見据えた図書館の新しい創造を目指す実践集団が、中小都市における図書館の実態調査と並行して、《市民の図書館》の在るべき姿を模索して、熱気あふれる検討を重ねていた。その実地検証も兼ねて、まだ日本にはよく知られていなかった欧州を標的として、ある者はイギリスへ、ある者はフランスへと発っていった。[1] 一九六三〜六四年頃のことである。そして世に言う『中小レポート』(一九六三)『市民の図書館』(一九七〇)が発表され、公共図書館の体質改造を一気に推し進めようとしていた。公共図書館が発展しない限り図書館全体の発展もまたあり得ないという信念と、アメリカの図書館の模倣ではなく、自国の土壌の上に独自の個性ある図書館を創造するという命題がその根底にはあった。

一九六八年美濃部革新都政のもと、〈東京の図書館を語る会〉が結成され、その要望に応えるかたちで都立日比谷図書館長にフランス文学者の杉捷夫氏が就任された(一九六九年一月)。このことがわれわれの会のスタートを早めることになった経緯については、会報第一七号に詳述[2]したとおりである。六月三日(一九七〇)の第一回会合には アレクシス・ドランデール 館長も出席されて、会の発足を祝い、激励の挨拶をされた。ナンシー大学の発生学教授であった氏には、町井照子さんの留学が保留になって焦っていた時も、フランス大使館関係へ照会・督促の労をとっていただくなど、随分お世話になった。一九七一年十二月に氏は退職され、館長に日本学のベルナール・フランク氏が就任された。氏の在任中に日仏会館は創立五十周年を迎え（一九七四年三月）、記念行事を行うとともに、会館を中心に運営されている日仏関係諸学会の拡充を図り、われわれの研究会にも学会として正式に登録するよう強い要請があった。謙虚なお人柄の杉会長はもちろん躊躇されたし、われわれとしても荷が重過ぎて、ほとほと困惑した。今にして思えば、この強引なお勧めがなければ、会は決断をすることはなかったであろうし、フランスからの講師招聘など、会がその後に実施した独力では到底不可能な活動なども、日の目を見るには至らなかったことであろう。その意味では、氏は学会の誕生促進の産婆役を果たされたわけでもある。

日仏図書館学会と改称してからは、毎月一回の予定で勉強会（図書館用語研究、後に公共図書館研究も）を開くとともに、早々と実現することになったフランス政府学術文化使節としてのミシェル・ルシエ氏の来日に備えて、その受け入れ準備、講演会、見学・視察等の計画に会を挙げて忙殺された。一九七五年一〇月、学会として最初のルシエ氏講演会が開催された時、館長は法学者のミシェル・ルサージュ氏に代わっていた。氏は日仏会館での講演会の際に講師紹介の労をとられたほか、一九七七年一月の学会総会の折、ちょうど館長交代の時期で、次の館長ロベール・ゲルムール氏（物理学者）とともにご挨拶をいただいた。ゲルムール館長はしばしば本会に顔を出され、津田内匠氏を招いての会合（一九七八年二月）や、ルネ・フィエ氏講演会（一九七八年十一月）の際にも、挨拶だけでなく会合にも参加された。全ての会合の出席者名まで記した私の丹念なメモは、フィエ氏来日までで中断している。理由は私が、新しい図書館の建設を担当することになり、引き続いて図書館長として全力をこれに注がねばならぬ立場になったためである。図書館員になって良かった、この会をつくって良かったと、しみじみ実感したのはこの時期のことである。私はフランスへ、青い鳥を探し求めて旅立ったのではなかった。そこに青い鳥などはしないことは、事前調査の段階であらかた察しはついていたし、留学中に幻滅の念をいよいよ深めたのも事実であった。にもかかわらず、心に深く刻み、あたためてきた数少ない思い出がいくつかあった。フィエ氏との出会いもその一つであった。若き日のフィエさんは、貸出文庫の重い木箱を担いで配達サービスも経験した生っ粋の図書館員である。そのあたたかい人柄と、〈すべての人に本を〉という思いを、一生を貫いて実践し、最期にポンピドー・センター図書館長として、長年のライブラリアンの夢を思い切り羽ばたかせた。心に描く図書館をこの手で実現するという、図書館創造の果報に巡り会った者は、常に行政と読者との間で板挟みになることを覚悟の上でなければならないこと。眠れぬ夜を過ごし、自らの胃壁を破る苦しみに耐える日々、私の心の中でフィエさんは、いつも柔和な微笑で語りかけ、昂ぶった神経を鎮めてくれた。この人と、岡田さんが私淑したルシエ氏の、これぞライブラリアンと誰もが納得するお人柄とに触れることができたことは、私にとっては忘れ難い、宝物のような思い出である。

アンリ＝ジャン・マルタン氏来日（一九七九年十二月）の頃はジャック・マゴー館長（人口学者）であったと記憶するが、私は激務を抜けて、都立中央図書館での講演会に駆けつけるのがやっとで、翌々日の日仏会館での講演会には参加できなかった。一九八二年に、私が手塩にかけた愛する図書館を最期に、公共図書館を退き、短大で図書館学の教授兼図書館長を務めることになった。腸が千切れるような管理職の苦労からやっと解放された。中国学者のレオン・ヴァンデルメルシュ館長（一九八一〜八四在任）の時期には、館長にも例会に参加していただいたり、パリ祭のつどい等でお目にかかったりしたほか、会報第一〇号には図書館への理解を示した卓越した文章を寄せていただいた。ジャック・ケリギー氏の初来日は一九八五年一月で、館長は地理学者オーギュスタン・ベルク氏が代わったばかりの頃であった。翌八六年にはＩＦＬＡ東京大会が開催され、学会では、フランス語圏からの参加者招待カクテルパーティを日仏会館と共催した。ケリギー氏やジュヌヴィエーヴ・パット女史も見えて、にこやかに語り合う記録写真は、八十三名の集いの盛況を偲ばせてくれる。引き続き十月には、フランソワ・レイネール氏の講演会も実現し、ベルク館長にとっても多忙な一年であった。パット女史が文化使節として来日、四回の講演会を開いたのは一九八八年十一月で、ユベール・Ｊ・セカルディ館長（海洋学）に代わったばかりの頃であった。翌八九年にはＩＦＬＡパリ大会に会からも何人かの参加者があり、それに合わせて

『フランス図書館・情報ハンドブック』を〈日仏図書館研究シリーズ〉のNo.2として、また十二月には宿願の『フランス図書館関係用語集』をNo.3として刊行することができた。私としては、波多野幹事長を中心として会を支える第二世代の力量と熱意に、敬意と感動を禁じ得なかった。

一九九〇年も忘れ得ぬ年であった。ミシェル・ムロ氏を迎え、フランス国立図書館の壮大な新館構想を伺ったのが一月。そして会は創立二十周年を迎え、これを記念してみんなで祝った(五月)。学会の活動はいよいよ本格化して、「日仏間における情報アクセスの現状と将来展望に関する基礎的研究」をテーマに、会館の助成を得て日仏共同研究が開始された。ささやかな勉強会をこつこつと続け、たまにフランスから講師を招いて、専ら受容の立場に終始していた本会が、フランスの関係者・研究者とともに手を携えて研究を進めるまでに成長したのかと、感無量であった。また、会の規約・名称にも検討が加えられ、「図書館情報学」という名称の採用を否応なく迫られることになったのも、時代の趨勢であろう。そのような時、年も押し詰まった十二月一〇日、会長の杉先生が永眠された。会にとっても節目の年であった。

一九九一年の総会において、日仏図書館情報学会と正式に改称した。この年は日仏共同研究で明け暮れた一年であった。注目すべきことは、ニュースレターの充実ぶりで、フォーマットを九月(No.106)から改め、すっきりした体裁で、読み応えのある内容を、きめ細かに提供するようになった。そのバックナンバーを今しみじみ読み返してみると、この学会が擁する多彩な人材を起用して、未知の会員のさまざまな視点や、関心を紹介し、会の実態をよく理解することができた。財政も豊かでないのに、執筆者のワープロ原稿を切り貼りして版下を作成するというアイデアで、八～十二ページもの機関誌をよくも毎月欠かさず刊行できたものと、感嘆のほかはない。編集委員の方々の大変なお骨折りと、会員の協力があったことは勿論であるが、波多野編集委員長のこの時期の傾注ぶりには、かつての私自身の姿を重ね見るかのようで、妙な表現だが痛ましい思いもした。日仏共同研究の骨子も年内にほぼ固まったころ、日仏会館の新築移転が決定した。その建設委員会には波多野さんも参加、特に図書室についてはメディアテック構想も検討されていることを側聞し、期待感がつのった。一九九二年春、『日仏間における情報アクセスの現状と将来展望―日仏共同研究報告書』が、2年間にわたる協力の成果として刊行された。セカルディ館長の在任中に、日仏シンポジウムの企画が進められ、そのメンバーの一人として、ケリギー氏の三度目の来日がきまった。十一月にシンポジウムは「情報通信とドキュメンテーションセンター―日仏の現状と展望」と題して、フランス側五名、日本側四名の発表者、司会は本学会の内藤英雄、鈴木良雄の両氏の担当で開催された。その機会に、ケリギー氏単独の講演会も開催された。現在のオリヴィエ・アンサール館長が赴任されたのはこの時期のことであった。図書室の司書職員が一名減員になり、続いてケリギー氏がフランス国立高等図書館情報学校長の要職を辞して、研究員として日仏会館に赴任されることになった。思いもよらぬことであった。私たちは、日仏の学術文化交流の窓口として、この図書館がこれまで果たしてきた役割を高く評価している。図書館は、図書館であることを開始したその時から、管理者の意思にかかわりなく、読者とともに歩き始める。専門図書館としての性格付けや方向性については、さまざまな見解もあり得よう。際立って個性的な決断を急ぐよりも、東洋の教えに倣って、先ずは謙虚に利用者の声に耳を傾けることから始められんことを、切に願ってやまない。〈図書館は、利用者のために存在する〉――このことを実証するために生涯を費やさねばならなかった一図書館人の、これは悲願であり、遺言ともしたい。

注(1) 一九六三年十一月 前川恒雄、鈴木四郎の両名はイングランドでの研修のため日本図書館協会より派遣。一九六四年十一月 小林宏はフランス政府給費技術留学生として渡仏。たまたま国立高等図書館学校（ＥＮＳＢ）の開学の年に当たり、その第一回生として在籍したことが、後進への道筋を拓くことになった。

(2) 「杉捷夫先生と日仏図書館学会の二十年」『日仏図書館情報研究』No.17 一九九一 七～十一頁

（『日仏図書館情報研究』No.21 一九九五）

L'esprit de Bibliothécaire

――ミシェル・ルシエ氏を偲ぶ

書物を愛し、図書館を愛し、生涯を司書としての仕事に打ち込んで過ごした人の一生について、しみじみと思いを寄せる昨今の心情である。ミシェル・ルシエ氏の訃報（一九九三年十一月二七日）に接して以来、今さらに過ぎ去った遥かな歳月を振り返り、痛惜の念に駆られてならない。私自身が闘病の日々を重ねる中で、道半ばの詠嘆とともに、残された時間を見据える日々が多くなったせいもあろうか。多くの人々の献身的な協力によってやっと支えられている日仏図書館情報学会の、この多難な時期に、人生の離別や進退について、不用意に口にすることは慎むべきなのでもあろう。しかしながら、何時かはという思いは常に念頭を去らない。せめて新しい日仏会館の、新しい構想を盛り込んだ図書館に、日仏文化交流の次なるステップへの確かな手応えを実感できる日までは、何としても持ち堪えなければならない。なぜなら、このたびのルシエ氏とのお別れは、敬愛する先輩を喪った失意と悲しみだけを私たちに残したのではなくて、生涯を貫いた司書としての生き様を、心からのメッセージとして、氏は今も私たちに静かに語りかけ、同じ

ルシエ氏講演会

志に生きる者たちを励ましてくれているに違いないのだから……

そのように受け止めたいと思う。

ミシェル・ルシエ氏は、フランス政府の学術文化使節として、本学会を窓口として、我が国が正式に迎え入れた、最初のフランスの図書館員であった。一九七五年一〇月、学会発足以来六年目にして漸く実現した忘れがたい事業であり、日仏図書館交流の第一歩として、歴史に確かな記録を止めておく必要がある。そして、これを契機として、それまでは内輪の勉強会として終始、控え目に存在してきた本学会が、日仏両国の図書館を結ぶ架け橋としての役割を担い、否応なく責任を自覚する団体として、その後の活動を推進してゆくことになった経緯も、その是非を問わず、確認しておかなければならないことである。

優雅で古びた歴史的建造物でもあるパリ市庁舎の中にある、行政図書館長という厳めしい立場の方で、歴史学者でもあり、またエキスパートの司書として、書誌目録の作成に独創性を発揮されているという予備知識をもとに思い描いていたルシエ氏のイメージと、現実にお会いしたルシエさんとは、私の中で俄には噛み合おうとしなかった。そのとき、ふと感じた戸惑いが、このたびのルシエ夫人からのご寄稿によって初めて氷解する思いがした。夫人はこう書かれている。「彼の夢、そして私たちの夢でもあった――すべての人々に開かれた、どこか地方の大きな街の公共図書館に、いつの日か館長となって赴任するという夢……」と。この人の、あの優しさは、このことと無関係ではなかったに違いないと合点がいった。結果的には、その夢は実現することなく、専門図書館としてのパリ市行政図書館を預かって、三十七年間にわたって、図書館員としての情熱を傾注し尽くして生涯を終えられたわけであるが、館種を問わず、また、迎え入れる利用者を問わず、司書としての使命感、ライブラリアン・スピリッツというものがこの人の全身に染みわたっていて、さりげない日常の言辞や挙措にもそのことが窺えて、人々の感応を誘ったのだと思う。人柄と言ってしまえばそれまでだが、この人の、ライブラリアンとしての魅力、人を惹きつけ、気持ちを安らかにさせ、心からの信頼にも堪える存在感は、いったい何だったのだろうか。

彼は、自分が図書館員になったことについて、来日講演の冒頭でこう語っている。《たぶん、私にその味（書物の）を覚えさせた父にならって、この天職情念とでも言いましょうかである司書という職業を選びましたので……》、書物の中以外で、青春の頃からの夢でもあった、遥か遠くの日出づる国に赴き、異なった文化を知るという望みを満たすことができようとは思ってもみなかったと。[1] フランスでは文人、学者、作家など、書物を愛する人々が、しばしば図書館に身を置いた例は数多いが、彼の場合、二十三歳で司書資格 Diplôme Technique de Bibliothécaire を取得し、翌年から国防省の図書館に司書として勤務しながら、二年後にソルボンヌの学位（歴史学）を得ていることからも、図書館への志向がかなり固かったことが窺える。その図書館で五年間勤めた後、二九歳の若さで、パリ市庁舎内にあるセーヌ県行政図書館長として迎えられ、行政改革によって名称だけがパリ市行政図書館と変わり、そこで三十七年間を過ごしたことは前述のとおりである。

赴任当時、この図書館には目録が二つしかなかったのを、彼は少ない職員とともに著者名、件名、逐次刊行物について詳細な十二の目録を作成・整備し、これを規範としてパリ国立図書館が目録作成に応用し、後に図書館局が目録規則化したことなどについては、この図書館で実習した岡田恵子が詳述している。[2] 約三十万冊の蔵書を十二人の職員とともに、毎日夜八時まで残って精力的に仕事を続け、他方では図書館学校（ENSB や後にはカトリック学院司書養成コースなど）の講義も担当した。職員の意見によく耳を傾け、どんな小さなことにも目を通し、利用者が困っている風に見えるとすぐ声をかけ、閲覧者への奉仕を常に忘れたことがない、利用者を大切に思うこの人の言葉は、まるで格言のように聞こえた、と。

公共図書館への夢について前に触れたが、ルシエ夫人も Ecole des Chartes 出身の司書で、ルシエ氏の退職と時を同じくして図書館を辞められた方である。たしかサント・ジュヌヴィエーヴ図書館にもいたことがあると聞き及んでいる。お二人の出会いについては伺いそびれたままではあるが、おおよそのことはお二人を見ていれば察しがつく。鍵は《公共図書館》にある、と私は推理する。「フランスの図書館組織について」と題して、都立中央図書館で行われたルシエ氏の最終講演は、図書館員の養成・人事や司書の地位・社会的役割について触れ、特に文部省に図書館局が新設されて以後の、公共図書館の発展について興味あるデータを例示している。フランスも日本も、司書の立場や公共図書館への社会的認識は長い間低迷を続けていた。サント・ジュヌヴィエーヴ図書館の二人の司書の提唱によって一九〇六年に誕生した図書館員協会は、世論の喚起に努めるとともに、望ましい司書像の共通概念を探り、市立図書館基準を作成して、現代の公共図書館の考え方を導入し、国に図書館局の設置を求め続けた。ともすれば学術研究図書館の重視に偏りがちなフランスの図書館や司書について、ルシエ氏は次のような話を披露している。

地方公共図書館のいくつかでは、司書は一度決められた地位から昇進できず、しかも報酬は不十分で、他に収入の道のある人しか図書館員にはなれなかった。市立中央図書館の司書の待遇も、同じ程度の都市の間でさえ、二倍の差があったこともある。図書館は古い建物の中にある、いわば本の倉庫だった。

作家のJ・ベルトーは、ブールジュ市立図書館について、こう書いている。「図書館はとても立派で、おそらくフランスでも五指に入る図書館であった。しかし誰も、そこへ入っていって、司書達の休息の邪魔をしたり、本で埋まる大広間で静かに昼寝をしている守衛を起こしたりすることは考えてもみなかった。」図書館をもつ市当局も無策なままに、高価な蔵書を保存するのに汲々とし、一般市民に蔵書の存在を知らせたり、人々の研究や読書のために提供する努力を怠っていた。(3)

一九四五年に漸く発足した図書館局は、ルシエ氏来日の一九七五年までの三十年間にわたって、図書館行政の要として図書館振興の役割を果たしてきたが、その正式の名称は図書館・公読書局 Direction des Bibliothèques et de la Lecture Publique であった。(この《公読書》の概念に注目し、公共図書館運動推進の鍵 Key word と睨んで、後に研究シリーズ№1『フランスの公共図書館』を訳出・作成したのが、波多野宏之、鈴木良雄、高橋一雄ら公共図書館研究グループであった。)ルシエ氏がこの講演の中で挙げた一九七三年現在の市立図書館数八百、一九六七年から七四年の間に国の補助を得て四百七十二館が新改築されたという統計は、ほぼ日本の公共図書館の数値(一九七〇年現在八百八十一館、一九七五年現在千四十八館)と似たり寄ったりのものである。日本図書館協会が一九六三年に発表した『中小都市における公共図書館の運営』は、公共図書館界に改革の狼煙を上げた。さらに一九七〇年に『市民の図書館』を発表し、同じ年に東京都では『図書館政策の課題と対策』を作成して、図書館振興政策の規範を示し、これらが牽引力となって全国に公共図書館の設置が推進されていった。本学会の杉捷夫前会長が日比谷図書館長として在任中のことで、東京都内の若い図書館員の意見を充分に引き出し、英知を結集して見事な報告書にまとめあげたのは、杉先生の真摯な対応と熱意があったればこそと、今に語りぐさとなっている。日仏両国に共通していたことは、公共図書館が低迷していたのでは、図書館全体がこれ以上発展しないという認識であった。そして公共図書館への社会的関心を喚起して理解を求めるとともに、司書みずからがその使命を反省・自覚して、住民に親しまれ、信頼され、司書というものが図書館に不可欠な存在であることを利用者も納得し、社会的にも認めさせようとする図書館員の情熱が、その運動を盛り上げていった。トゥール市立図書館のルネ・フィエ館長を始め、心ある多くの図書館員たちが、図書館と司書の旧態を直視し、その殻を破り、体質改善に情熱を傾け、それぞれの図書館で身をもって実践してきた。前記の研究シリーズ『フランスの公共図書館』の中でも、〈なぜ図書館か、誰のための図書館か、そしてどのように行動するのか〉と、図書館の本質に係わる問いかけから出発して、公読書の意義と図書館の役割、司書の使命を強調しているが、フランスの図書館の変革期を生きたルシエ氏が、こうした思潮と無縁であった筈もない。ルシエ氏も講演の中で次のように述べている。

フランスでは長い間、司書とは、浮世ばなれした人間、終日　本を読んでいられる結構な職業だという観念をもたれてきました。これは、学問や文化とかが一部の人々の特権であった時代の考え方から来ています。たしかに司書自身の側にもこの古い型の司書に郷愁を持つ者がいたことも一因であります。しかし一方では多くの司書が早い時期から書物の社会的役割を認め、より多くの人々に読書の機会を提供しようと努力を重ねてきました。そして図書館協会の先輩たちが政府や関係方面に働きかけた結果、多数の理解を得るに到り、知識や文化の一般化の必要性を認識させ、同時に図書館とその中で働く古い型の司書達の眠りをさましました。(4)

この言葉は、『市民の図書館』の次の文章と正に呼応する。

図書館不振の原因を、本を読まない市民の側にあると考えている間は、図書館発展の糸ぐちはつかめない。図書館不振の原因は、市民の資料への要求を受けとめず、要求に応えられるだけの資料を持たず、市民をあきらめさせ、市民に見放された図書館にある(5)

最後に、ルシエ氏が日本での講演を、次のような優しく、力強い言葉で結んだことを心に刻んでおきたい。

《司書は、あらゆる段階、階層に対する教育担当責任者、知識と文化全般にわたる専門家として必要欠くべからざる存在です。》《利用者にとって、いつも司書が側にいてくれ、資料の案内役、相談役となり、時には友人として接してくれることが悦びなのだということを、司書という職業に携わる私達は忘れないでおこうではありませんか。》(6)

――人は、その本質において、何ものかのための殉教者である。（亀井勝一郎）――

注
(1)『日仏図書館研究』No.3　一九七六　三頁
(2)『日仏図書館研究会会報』No.2　一九七三　九～一四頁
(3)『日仏図書館研究』No.3一九七六　一四頁
(4)　同　右　一九頁
(5)『市民の図書館』　日本図書館協会　一九七〇　三三～三四頁
(6)『日仏図書館研究』No.3　一九七六　一九、十一頁

（『日仏図書館情報研究』No.20　一九九四）

ルネ・フィエさんを偲ぶ

壮健そのものと伺っていたルネ・フィエさんの急逝の知らせを、私は俄かに信ずることができなかった。それはご家族にとっても同様の思いであったらしく、いつものように広い菜園で畑仕事をしているはずのフィエさんに、昼食の合図の鐘を奥様が鳴らしたその時まで、誰一人として彼の健在を疑う人はいなかった。そのような突然の死を予告するような前兆は、それまでも一切なく、健康に満ちて、いつも穏やかな微笑を絶やすことのなかったフィエさん。この人に会うと、心がくつろいで、ゆったりと、安らかな気持ちにさせてくれる。私は、そういうフィエさんしか知らなかった。だから、私といくつも年齢差のない先輩の、こんなにも急な不帰の旅路は、あまりにもショックだった。

私がフィエさんを知ったのは、一九六四年十一月以来のことである。当時、彼はENSB（国立高等図書館学校）の教官、私はこの学校の聴講生であった。彼はトゥール市立図書館長とアンドル・エ・ロアール県の貸出中央図書館長の職務も兼ねており、そちらの方が本職だったので、毎週トゥールから学校に通ってきていた。彼の講義が、学生の間で最も人気が高かったのは、その温厚誠実な人柄が彼等を引きつけたからであった。おだやかな口調で、ゆっくりと噛みしめるように語る彼の授業は、私にもよく理解できる唯一の講義だった。何よりも、公共図書館の実務経験に裏づけられた講義内容が、私には共感が持てた。私は留学生としては最年長の三九歳の主任司書であったし、フィエさんは四四歳の少壮図書館長であった。その時から私淑していたフィエさんを、それから十四年後に日本にお招きできようとは、当時は夢にも思わなかった。彼が日仏会館の招聘講師として、私たちの会の要請に応えて来日されたのは一九七八年十一月のことであった。ポンピドー・センター公共情報図書館が開設されたばかりの頃で、この新しい図書館の館長として、あの大胆な構想に意欲的に取り組んでいた時期のことであった。

常におだやかだったフィエさん(左)

当時私は公共図書館の開設準備を担当していたので、フィエさんがポンピドー・センターで実践しておられる、ノン・ブック・マテリアルと図書とを混融して利用に供する方法については、種々ご指導にあずかり、また大変に勇気づけられもした。その後の日本の公共図書館サービスに、新生面が拓かれていったことと、フィエさんの助言の成果とは無縁ではなかったことを、私は確信している。

フィエさん、懐慕の思いは尽きません。心から御冥福を祈ります。

(『日仏図書館情報研究』No.23　一九九七)

書物の森の梟の呟き
――図書館とコンピュータの相克をめぐって

近年、インターネットやマルチメディアが急速に脚光を浴びるようになってから、図書館界でも、電子図書館構想や、資料のディジタル化によるオンライン・アクセスなどなどに専ら関心が向けられて、本はいつ、どのようにして亡びてゆくのだろうかとか、活字本の消滅後の図書館の将来像とか、果ては図書館の終焉を占う言葉まで耳にするようになってきた。一方では、得たりや応と、書物と人との出会いの感動すら知らぬまま、ゲーム感覚でパソコン画面の仮想現実の世界にのめりこんで育った、コンピュータおたくの若い情報担当教官などから、これからの司書はすべからくディジタル・ナヴィゲーターとしてのサーチャーでなければならない等という世迷い言まで聞かされる昨今である。

図書資料が最優先されてきたビブリオテクから、ノン・ブック・マテリアルを包含したメディアテクへと伸展することには大賛成だった私だが、自館には蔵書も備蓄せず、インターネットで連結された架空の図書館を電子的に構築して機能させるといった未来の図書館構想には、開いた口がふさがらないでいる。杉捷夫前会長も「コンピュータは、図書館を殺す前に、当分図書館のために、働く仕事があると言えよう」と仰言っていたが、従順な仕事師であることにとどまらず、いよいよコンピュータが図書館の乗っ取りにかかってきたというのだろうか。思い付きにせよ、味気ないことである。

ユネスコの提唱するUBC（世界書誌調整）やUAPも、誰でも、どこでも、世界中の出版物にアクセスできる夢を実現しようとして推進されてきたものであり、コンピュータによる仮想図書館構想も、その実現を部分的に促進する方向で機能するであろうことは否定しない。情報の入手や整序の面において、コンピュータが人間の手作業より遥かに効率よく仕事を進めるであろうことは疑いもないからである。だからといって、コンピュータが書物に取って代わったり、まして図書館を不要にするなどという発想には、憤りを覚えてならない。人間の思想や情感が、書物とどのように関わって育っていくものであるか。汗ばむ手で書物を抱き締めたり、芝生に寝そべって、額にのせた書物の重みや紙の匂いを感じたりすることなどが、そのことと無縁であるとは私には到底思えないのである。コンピュータはいつの日か、ディスプレイ画面を睨み付けずとも、活字を自動的に音声化し、さらには外国語を自動翻訳して、オペレーターが希望する言語で読み上げるようなことまでしてくれるかもしれない。無限の可能性を夢見ることは、たしかに楽しい。書棚に満ち溢れた書物の始末に苦労する身にとっては、せめて立花隆の猫館ぐらいの書庫を持つことを羨むばかりであるが、かといって、あの小さなパソコンで書物の代用をさせ、居住スペースを効率化しようなどとは思わない。なぜなら、書物は私の愛人であり、そのコレクションは私の愛の遍歴の記録でもあるのだから。もしかしたら、このような考えの持ち主は時代に取り残されてゆく種族であるのかも知れない。だが、自分が図書館に勤務するようになった動機を思い返してみても、書物の匂いに惹かれてふらふらと図書館に迷い入ったのであって、それが書庫もないディジタル図書館であったとしたら、司書としてこの仕事に就こうなどとは絶対に考えもしなかったであろう。

僅か数十年の間に、確かにさまざまな変化があった。学生時代に、秘蔵のダミアの「暗い日曜日」のSPレコードを落として割ってしまった日の落胆。やがてそれが美しいジャケットに収められたLPレコードとして蘇り、Hi-Fiのステレオでレコード・コンサートを開催して、図書館に多くの聴衆を集めた日もあった。コメディー・フランセーズの古典劇のLPまで含めて、思い切りLPコレクションを充実させたのは、私が図書館長になった一九七五年以降のことであった。溝に刻まれたレコードに代わって光学式のCDが出回り始め、ステレオのダイアモンド針が入手し難くなり、やがてステレオの生産も中止されて、膨大なコレクションが無用の長物と化するまでには十年もかからなかったであろう。

フランス人レオン・スコットがフォーノトグラフという音声記録装置を考案し、その原理を使ってシャルル・クロスが録音再生装置をフランス科学院に提出したのは一八七七年、エジソンの蓄音機の発明より数カ月早かったという。手回し蓄音機は、やがてゼンマイや電気を動力とするSPレコード方式に改められたが、LPの出現とともに、ラッパ付きのクラシックな拡声装置もろとも、お倉入りしたのは、私の青春時代の思い出の一ページであった。そのLPレコードも録音テープも、ディジタル化されたCDやMDに押され、それもまた、いずれ次世代の先端技術に取って代わられる日が来るのであろう。グーテンベルクの鉛活字は、たしかに過去の手法として現在の印刷所では用いられなくなった。レコードの辿った道を、書物もまた歩むであろうと、したりげなその予測はいかにも現実味をもって迫ってくる。だが待てよ、と私は思う。人間の思想は、さまよい、苦悩し、感動し、傷つきながら形成されてゆくものであり、効率よく情報を集め、手際よくそれを整序することによってではないのではないか。図書館は、書物の森に人々をいざない、さまよい、立ちつくさせる所ではないのか。書物というものは、情報などという、収集したり、入力したり、処理したりするようなものではなくて、己の前に立ちはだかり、胸ぐらを取って揺すぶり、圧倒し、あるいは抱き締め、高揚させ、涙と鼻汁でぐしょぐしょにさせる、謎めいた生きものなのではなかろうか。惹かれてやまぬ恋人であったり、霹靂のような啓示を垂れる師であったりもする。さればこそ、愛しき書物なくして我が生もなく、我が存在もない。図書館とは、未だ見ぬ書物を無尽蔵に擁する神秘の森であればこそ、人々は惹かれてここに足を運ぶ。足を運ばずにはいられない所、それを図書館というのではないのか。私は、そう思っている。

（『日仏図書館情報研究』No.22　一九九六）

Ⅲ 図書館員の心意気

図書館の創造

図書館の仕事を一生続けるようなことになった必然性が、いったい自分にあったのだろうか。強いて求めれば、生来のものぐさから最初に迷い入った図書館を脱け出る努力をしなかった、ということなのかもしれない。しかし何故、図書館にまぎれ入ったのか、やはり気になる。

この頃、戦時中のニュース映画をテレビで見る機会がしばしばあった。どしゃ降りの神宮外苑、学徒出陣の学生たちが水しぶきをあげて行進する——このシーンに出会うと、私の胸の中は文句なしに豪雨に見舞われる。或る者は死に、或る者は生き残り……その頃の彼は、人生二十年と思い定めて、読み残したら死んでも死にきれぬ思いで、枕許に積み上げた本を読み焦った。現役召集の赤紙が来るまでの一刻一刻が、永訣の調べで過ぎていった、あの暗黒の日々。

死ぬほどに愛しき書物二冊持ち彼は征きけりはればれとして

敗戦・罹災で蔵書も失い、虚脱状態で復学した京都には、いい図書館があった。ことに京大文学部の図書室は、学生証を室長に提示すれば書庫の中に自由に入ることができた。私はそこに半日もぐり込み、「書架旅行」という言葉を実感した。ボードレール、フローベル、モーパッサン……うっすらとほこりのたまった皮装本を手にとり、書架から書架をさまよった喜びは、忘れ難い思い出である。

図書館法が成立した昭和二五年に郷里に戻り、栃木県立図書館に勤務した。この図書館で私は京都での懐かしい経験を再現させようとした。当時の公共図書館は閉架・出納式が大部分で、目録だけが唯一の検索の手がかりだった。慶応大学での図書館指導者講習会で、ギトラー氏やチェニー女史の講義を通じてアメリカの図書館事情について知り、またCIE図書館の自由接架方式や、講習仲間で京橋図書館長の仲本盛一氏のところで実施している公開書庫を見学したりして、閉鎖的な自館の出納方式に痛憤を覚えた。法律によって無料となった図書館には連日、超満員の利用者が押しかけ、窓口を担当する職員は出納に汗だくで疲労しきっているのに、それより数の多い整理担当の職員は、いとものどかな古本製造にも似た滞貨作業を相変らず続けていた。

早速、自由接架方式を導入しようとして、当時の上司と激しく衝突した。結果的には書庫の一部を公開する方式を実現し、その後館界の趨勢も開架（自由接架）方式へと切り替えられてゆき、結果的には先見的な着手ということになったが、対立のしこりは長く尾を引いた。

その頃の日本の図書館界は、保存一点張りからサービス本位へ、整理中心主義から奉仕現場の重視へと、従来の保守的な図書館経営に検討と反省が加えられ、これを改めてゆく動き——新しい図書館像の創造への熱気が盛り上っていった時代であった。しかし地方自治体は貧窮財政の再建に追われ、みみっちい地方吏員の感覚に、図書館の理想像を説得することは、夢を語ることに等しかった。その壁のあまりの厚さを感ずる度に、その焦燥はいつしか私の胸の中で「使命感」のようなものとなって根を下ろしていった。

日本図書館協会事務局長の有山さんを中心に集った人たちとの交流や、蒲池正男さんを中心にした県立図書館の在り方を探っての調査活動などを通じて、随分と啓発されるものを得た。

フランスの図書館事情を探るために、フランス政府の留学生試験を受け、しかもそれが実現しようとは自分でも信じられないような出来事だった。日本の図書館が如何に在るべきかを探るためには、アメリカの事情ばかりでなく、もっとヨーロッパにも目を向ける必要がある――という理解は有山さんと共通のものであった。有山さんという人は、人をうまくおだててその気にさせてしまう才能をもっており、ひょっとすると、私はついそれに乗せられてしまったのかもしれない。

しかし、私の図書館へののめり込みを決定的なものとする、人と資料との出会いが、フランスでは待ち受けていた。一九六四年秋からパリで過ごした八か月は、私の人生の転機であった。異国にあって祖国の図書館を思い、公共図書館思想の先駆ガブリエル・ノーデの軌跡に感動し、また後にポンピドー・センター公共情報図書館長として、公共図書館にメディア・センターとしての機能を顕現させることになったルネ・フィエ氏を、まだその当時はその予見もなく、一地方の市立図書館長として知り合うことになった。フィエ氏は後に、私が新しく県立図書館の建設準備を担当するようになった頃来日して、基本構想やメディア・センターとしての実現について多大の教示を頂くことになった。

私は、図書館は知的・心情的な豊かさそのものを具現化したものと思っている。人は求めるものがあればこそ図書館を訪れ、満たされることを願ってその扉を開く。だから図書館は、それ自体があふれるような豊かさを目指すと同時に、運営感覚においても、あらゆる可能性に対して惜しみなく挑戦を試みることを辞さない気前の良さ――豊かな心によって運営されなければならない。「あこがれ」というものを知らない人は、図書館の仕事にたずさわる資格がないのではないかと思う。日本の図書館の悲劇はすべて、その歴史の浅さからくる図書館への認識の欠如に起因する。中でも司書の役割とその使命に対する無理解が、図書館を低迷のまま長く放置してきた。しかしそれは司書自らの仕事ぶりによって実証を積み重ねることから始められねばなるまい。一人一人の利用者に実感としてそれが納得され、広く常識としてそれが通用するまでになった時、日本の図書館は初めて本当の図書館になり得たといえるのだろう。

（『回想・私と図書館―文部大臣賞を受賞して―』　日本図書館協会　一九八一）

文庫クセジュ『図書館』まえがき　より

図書館に関する本は、実務書を除いては、他の学問分野にくらべると、概論、総説的な著書がきわめて少ないように思われる。図書館というものが、学術文化の全般にわたり、しかも世界の各国語による文献をあつかうところなので、自信のある述作が困難なせいもあるだろう。各種の孫引きの寄せ集めや羅列に終わるものが多いなかで、本書は、図書館に信頼と誇りをもつ伝統の国の図書館員によって書かれたものだけに、著者の史観と信念が、極度に縮約した文章の行間にみなぎっていて、オリジナルな、筋の通った著述であると思う。

この本は、図書館の生い立ちから、その移り変わりの歴史をたどり、図書館の果たしてきた役割と、その今日的な意義、さらには国際的なスケールで展開される図書館協力の強化と、技術革新のもたらす図書館の未来についての展望まで、確実な史観と豊富な素材の上に立って、小冊子にもかかわらずじつに要領よくまとめてある。一般読者には、世界史の広い舞台のなかで、人類の文化遺産が図書館を根城として守り伝えられてきた、劇的ともいえる興趣を、そして図書館関係者には、何よりもその仕事への勇気と自信を与えてくれる書物である。

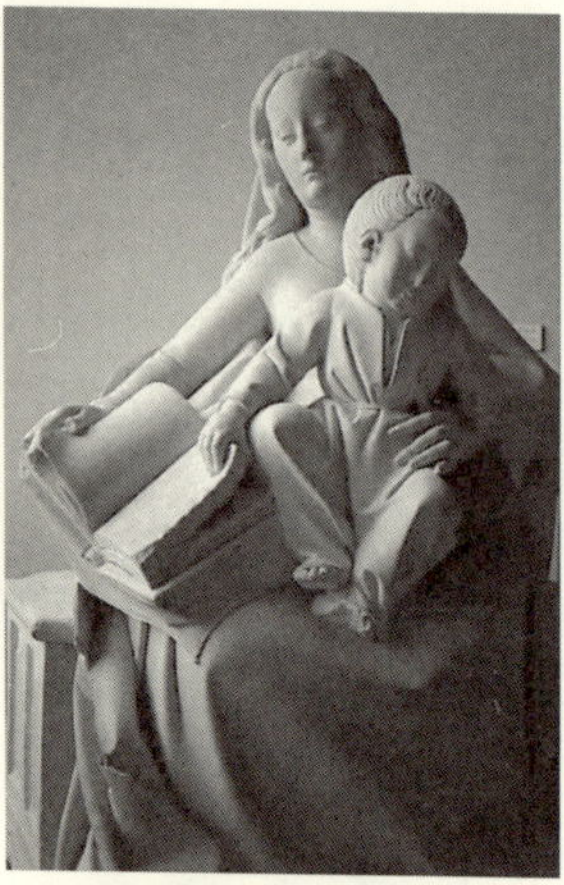
書を手にする聖母子像
ルーヴル　15 世紀

本書の初版は一九六一年で、この訳本は一九六三年の第二版によったが、図書館に限らず、ここ数年間の世界的な技術革新のもたらした変動は大きく、その点で第二部でとりあげられた統計的なデーターは、現職の図書館関係者にとっては物足りないだろうが、それも本書の一般的啓蒙書としての意義を損なうものではない。図書館とは末梢的な現象のことではない——それを本書を読んだ方なら必ず感じとっていただけると信じるからである。

著者のアンドレ・マソン氏、ポール・サルヴァン女史は、お二人とも、訳者がフランス国立高等図書館学校の第一回生として留学したおり、親しくその講義に接し、とくにサルヴァン女史には個人的にも留学生指導官の役目をわずらわした関係で、種々お世話になり、本書の翻訳紹介によって、いささかでも感謝の意を表わすことができるのをうれしく思っている。

マソン氏は図書館史研究の第一人者として、現職は文部省図書館局の視学官を務め、図書館学校での講義も、じつに豊富な資料やスライドを用いた充実したもので、その鶴のような長身痩躯の風貌とともに、強く印象に残っている。サルヴァン女史は図書分類学の著述も多く、その分野での大家であるとともに、図書館局にあってフランスの図書館員の養成と指導を担当し、また国立高等図書館学校の設立計画を推進、一九六四年に学校が発足すると同時に、その校長事務取扱（校長はパリ国立図書館長が兼任）となり、大きな責任と仕事を遂行されている。

　フランスの図書館については、日本ではあまり知られておらず、もっぱらアメリカの図書館学一辺倒の感があったが、本書はその意味でも旧大陸の図書館の基盤の厚みを知る手がかりを与え、図書館というものが、薄っぺらな、プラグマチックな効用の面だけで考えられるべきものではなく、文化史的なヴィジョンの上に立って、その存在意義が確認されるべきものであることを示唆する、数少ない貴重な文献となることだろう。

　蛇足ではあるが、この本を訳しながら、私もまた図書館員の一人として痛切に感じたことは、私たち日本の図書館員たちは、図書館というものを長い目で見ることを知らない、ということである。百年、二百年の単位ではなく、十年、否せいぜい二、三年の単位でしか物ごとをとらえようとしないので、本質からずれて、とかく末梢的な現象だけを追いまわしがちである。百年前には——厳密に言えば戦前には——ほんとうの意味での公共図書館が日本には存在しなかったのだから、むりもないことかもしれない。図書館が百年、二百年、三百年にわたって、その仕事を積み重ねてゆくあいだに、どれほどの有形無形の知的生産が行われてゆくことか、それを実感として（あるいは実績として）私たちにはつかみとれないのだ。それだけに図書館にそそぐ情熱は、つねに焦燥を伴い、自らの胃壁を破り、眠れぬ夜を続ける司書たちによって、日本の図書館はささえられ、前進してきたし、息せききった姿で日本の図書館は、そのめざましい飛躍と脱皮をとげたといえる。
この本は、そのような焦燥と、いささかの疲労のなかに生きる真剣な日本の図書館員たちに静かに語りかけて、その目を歴史の流れのなかにもう一度ひたし、図書館の仕事が本質的にもっている《未来への確信》——それをこの本の著者は《一種の聖職的性格》と述べている——へと、私たちをみちびいてくれるような気がするのである。

（文庫クセジュ『図書館』白水社　一九六九）

青年期の図書館

私の図書館員生活は、図書館法の成立した一九五〇（昭和二五）年に始まる。だから、図書館法については特に思い入れが深い。司書の資格は、翌年慶応大学の図書館学校での第一回図書館指導者講習会で取得した。図書館界の長老にまじって、若輩の身でギトラー校長を始めアメリカの優れた図書館員たちの指導を受ける機会を得たことは幸運であった。特に感銘深く印象に残っているのは、チェニー女史のレファレンスの講義と、金森徳次郎国立国会図書館長の記念講演での「呑舟の魚」についての話であった。チェニー女史に触発されてレファレンスに傾倒していった図書館員は、神戸市立図書館の志智館長を始めとして、全国にレファレンスの種子を蒔き、育成していった。目から鱗が落ちる思いで、これこそ図書館員の甲斐ある仕事と確信した。日本の図書館は、これから大きな変貌を遂げようとする青年期にあった。

日本図書館協会が推進した全国研究集会は、県内、ブロック別の集会を積み上げて、選出された各地区二名の代表が白熱した討議を交わすのを、オブザーバーの参加者がこれを取り囲んで見守るといった、ものものしい雰囲気だった。「開架」「貸出」「レファレンス」など、今日では常識化したようなことが、当時は未定着な状態で、その定義の模索から始まり、甲論乙駁、真剣に討議された。図書館の古い体質を内部から突き崩し、新しい図書館の創造のための理論構築に全国の論客、若武者たちの情熱が注がれた。その延長線上に「中小レポート」は生まれた。
往時の青年図書館員たちもほとんど第一線を退いた今、「司書の使命感」を口にしても、唇寒い思いをすることが多い。そんな時いつも、「呑舟の魚」の話を思い出す。カリカリしてはいけない。魚来たらば魚を呑み、舟来たらば舟を呑み、茫洋として、核心に生きよと。

（『図書館雑誌』第八六巻第九号　―一〇〇周年記念表彰を受けて―　一九九二）

司書の使命

　スペインの哲学者オルテガは、一九三四年の国際図書館大会（ＩＦＬＡ）で、「司書の使命」と題してフランス語で講演を行ったが、そこで彼は、書物と図書館とが人類の歴史の中で果たした役割を述べ、司書という職業が社会的な要請として出現した過程を、史的観点から興味深くとらえている。

　彼はそこで、司書の使命というものは固定的なものではなく、社会の必要性を反映し、たえず進化してゆくもの――要するに歴史的なものであることを強調している。民主社会は書物の生んだ娘であり、神の啓示書や貴族社会の宝典ではなく、著者たる人間が書いた書物の勝利によってもたらされたものであった。西欧社会において司書という職業が公務、ないしは国家的な職務として公式に制定されたのは一八五〇年であり、わが国ではそれより遅れること百年、一九五〇年の図書館法の制定まで待たねばならなかった。図書館が相次いで設立されながら、わが国では司書が未だになおざりにされているゆえんでもある。図書館の活性を左右する司書という職業への認識の確立とともに、司書自らも、その社会的な請託に対して深く自覚する必要があろう。

オルテガが、既に五十年も前に、司書の使命として、物としての書物の管理者ではなく、書物という生きた機能の調整者、読書の医師・衛生管理者、書物の奔流と人間の間に置かれた濾過器の役割を提示しているのは傾聴に値する。

(『図書館だより』No.70　栃木県立図書館　一九八〇)

公共情報図書館創造への試み

――栃木県立足利図書館の場合

伝統の継承と発揚

ウプサラ、ボローニャのアカデミアと並び称される中世以来の最古の大学＝足利学校を擁する足利の地に、県立図書館建設の構想を練りながら、最も苦心した点は、古い、輝かしい伝統を、図書館という機能の中にいかに盛り込み、いかに今日的な発揚をめざすかということであった。眠れぬ夜を重ねた末の帰結として、

(1)　メディアセンターとしての図書館
(2)　機械化の開発と導入による文化遺産の活用
(3)　知的生産の場にふさわしい環境と設備の創造―機能とアトモスフェアの調合

以上の三点に絞って設計および運営の方向を定めた。

(1)はパリの国立ポンピドー・センターの公共情報図書館長ルネ・フィエ氏（筆者留学時の恩師）のサジェスチョンに基づくもので、映像ブース（ビデオ、スライド）と音響ブース（レコード、

栃木県立足利図書館

カセットテープ）を多数設け、図書ばかりでなく視聴覚資料を自由接架式で混排して、個人的にこれらの資料を利用できるよう構想した。従来、集団的な利用に限られがちだった各種のメディアを、いつでも、誰でも、どんな資料でも、自分で選んで利用するという方法によって、立体的な学習効果を図ったものである。

(2)は、国宝、重文を含む足利学校の古書をマイクロフィルム化し、保存と活用を図るほか、コンピュータやファクシミリを導入し、資料の管理・活用に、現時点で可能な限りの機械化を意図したものである。

書物のあるパースペクティブへの愛着

(3)の読書環境の創造については、建築および設備の設計・施工を通じて、最大課題として配慮し、また苦心した点でもある。図書館に限らず施設の建設は、すべて理想と現実的制約との妥協の所産といえる。その

足利学校と足利図書館見学の会員

うえ、図書館は利用と保存、親しみやすさと高雅さという二律背反的な命題に応えるものでなければならないだけに、いっそう苦心を要する。

　私自身の個人的な好みからいえば、あまり建築的なおもしろみをねらった斬新な建物や、起伏や出っぱりや、意味のないお遊びの多い建物は好きではないが、かといって機能一点張りでプレハブみたいな図書館でもさみしい。単純明快で、しかも奥床しく、惹きつけて飽きのこない図書館……と口で言えば簡単であるが、実際にはこんなむずかしい注文はないであろう。

　足利図書館のできばえについては世の評価に待たねばならないが、構想の当初から館長予定者を建設準備担当主幹にして、思う存分に構想を展開させ、言いたいことを言わせ、これを設計・施工の担当者がよく聞いて、予算の制約の範囲内で最大限に生かしてくれた点では、うまくいった例の一つではないかと思う。

私は書物のある景観への、偏執的ともいえる愛着をもっている。パリ国立図書館や大英博物館の、革装幀本で天井までびっしりと埋めた壁面書架と、海面にクラゲが明滅するような青いシェードのランプのついた読書席。ロアール川の流れと対岸の城館を眺望できるトゥール市立図書館の読書室……。足利の図書館は、ふんだんに書物のある豪奢な景観を演出しようとして、天井まで埋めた壁面書架を取り付けた。公開資料室はタモ材家具で統一し、明るく、親しみやすい雰囲気をねらい、二階の調査相談室はチーク材家具で統一し、チョコレート色の絨毯やキャレルデスクによって、落ちついて研究に専念できる環境効果を図った。

館長のデラックス好みと冷やかされもするが、公共施設というと実用一点張りで楽しさに欠けるうらみを痛感してきたので、せめて図書館に来た時ぐらい、心がのびのびと豊かになるような雰囲気をと願い、お叱りを覚悟のうえで役所的な常識に反抗してみた。結果は利用者の反応も好評で、これだけ多くの利用者に喜んで使っていただけるなら、すでにモトはとれたと信じている。豪華本を集めた特別資料室と、ガラス戸付きの書架、足利学校の学校門をデザインした益子焼の陶板レリーフの壁画、児童室に付設したお話しコーナーの天井画・壁画などが、訪れる人の眼を楽しませ、心にやすらぎと豊かさを与えてくれる。発想の根は、すべて同じである。

（『Library & Information Science News（LISN）』No.23　一九八〇）

ヒロイ　オオキナ　ウミへ

——日仏図書館情報学会三十周年によせて

なぜ〈フランス〉か、なぜ〈図書館〉か、と自らに問い続けながら、頭を抱えてしまう時期があった。この二つのキーワードを共通のベースとして、〈書物〉あるいは〈文学・映画・演劇・芸術〉等々の、何かしらの関心事を各人がひそかに胸に暖めながら、心寄せ合って、このささやかな会を設立してから三十年が過ぎた。仔細に振り返ってみれば、随分といろいろなことがあった。そして、それぞれに個性的な図書館人で構成するこのような特殊な会が、こんなにも長く続いてきたことに今さらのように驚き、複雑な感動を禁じ得ない。

たまたま病院の待合室で手にしたグラフ誌で、団伊玖磨の「雑巾と歌」という随筆(1)を目にした。今は亡き芥川也寸志とともに、東京音楽学校から戸山の陸軍軍楽隊に入隊させられ、床の雑巾がけの苦役を毎日強いられていた頃の思い出話である。昭和一九年の暮れも押し詰まって、連日連夜の空襲下の厳しい作業だった。隣の週番士官室からレコード音楽が流れてきた。

「ウミハヒロイナ　オオキイナ　ツキガノボルシ　ヒガシズム」

極東航路

「ウミニオフネヲ　ウカバシテ　イッテミタイナ　ヨソノクニ」(2)

急に芥川の眼に涙が溢れた。「イッテミタイナ　ヨソノクニ、か。うん、外界には自由があるんだなあ。」二人とも涙でぐしゃぐしゃな顔で、作業を続けた。昭和一九年末には、日本中何処を探しても、自由などあり得ようはずはなかった。しかし、いきなり頑是無く可愛らしく歌われたこの小さな唱歌に、何故かショックを受け、自由という広々した海を思ったのだった。空襲はますます激しくなり、田端の芥川家も麻布の団家も焼失した。日本中が焼け落ちた。

戦後、二人ともNHKの専属作曲家となり、団は子供達がオーケストラ伴奏で歌うのを指揮することになった。隣りのスタディオで「えり子とともに」のリハーサルをしていた芥川をむりやり連れてきた。いきなり「ウミ」を子供達と演奏した。

「覚えているかい?」「覚えているとも、あの雑巾の冷たさも」「しかし、どうして僕達は泣いたんだろう」と二人は不思議がった。「確かに僕達は今自由になったけど、本当はこれからが大変なんだよ、ね」と芥川がしみじみと言った。

このNHK専属のくだりで、私の胸にも熱いものがこみあげてきた。昭和二五年三月、NHKの放送開始二十五周年を記念して、文芸・音楽の作品募集があった。その管弦楽作曲部門で団の「交響曲イ調」と芥川の「交響管弦楽のための音楽」が、ともに特賞に入賞した。これが彼等がNHKの専属作曲家となる機縁であった。そのときの放送劇部門の特賞を受けたのが私の「雨だれの歌」である。表彰式には、団、芥川そして私の三人とも緊張して、古垣鉄郎会頭から当時としては破格の賞金を授与された。「雨だれの歌」の本番放送(テープレコーダーはまだ出現せず、すべて生放送であった)の際は、調整室の中で、近江浩一ディレクターの背後に、私とともに芥川も神妙に控えていた。NHK専属作家にならないか、という話が私にもあった。私の志は脚本作家ではなかったので、有り難いお誘いではあったがそれを鄭重に辞退して、図書館に勤めた。何よりも、もっと勉強を積み重ねること。私は図書館の書庫に一日中潜り込んで、内外の名作をひたすら読みまくった。

その年の四月三〇日に「図書館法」が公布された。この法律が私の運命をも変えてゆくことになる。この法律の骨子を、《図書館は民主主義の砦である》と理解して、当時の図書館を取り巻く封建的な環境や、古い図書館思想との私なりの戦いが始まった。図書館現場での悪戦苦闘は泥沼化して、私の目算は次々と狂ってゆく。一方ではひそかに、創作を書き貯めたり、小出しに発表したりしながら、次第に比重は図書館の仕事に傾き、のめり込んでいくことになった。

それにしても日本の図書館界は、何と貧しく、何と頑迷固陋であったことか。信じてはもらえないだろうが、当時の大部分の県立図書館では、一冊の本を借りるのにも、保証人を立て、市役所でその居住証明書をもらい、借受人共々署名捺印して申請しなければならなかった。その手続きの簡素化を主張したり、閉架方式を改善して自由接架への改装を提唱したために、危険思想家と思われ、変人扱いまでされた。日本は駄目だ。敗戦という大きな犠牲を払ってもなお、未だに目が覚めないのか。

フランスへ行こうと思った。それは軍靴に踏みにじられて放棄した青春の回復であり、一方では学徒出陣で戦病死した何人もの学友たちの弔い合戦でもあった。そうすることが、日本の図書館のためにも良かったと思える日が、必ずやって来るに違いない……そんな釈明で周囲を説き伏せ、私は妻子を残して、メサジュリー・マリティームの商船カンボジ号の船客となった。

ウミニオフネヲ　ウカバシテ……なにしろ古い話なのだ。吉田松蔭が海を渡ろうとした気概、福沢諭吉が『西洋事情』でビブリオテーキを畏敬の眼で紹介した例に倣って、仏蘭西国の図書館の世界に単身乗り込んでゆこうというのである。今振り返って、しみじみ思うことがある。それは、《心を燃やし続けるならば、道は必ず開ける》という確信のことである。朔太郎の詩（フランスへ行きたしと思へども……）すら、こっそりと呟かねばならなかった戦時中、その暗い谷間をせっかく生き延びてきたからには、自分が今フランスへ赴こうとするのは、朔太郎が果たせなかった夢を代行することに他ならないのだと。

注(1)「パイプのけむり」No.一八二五『アサヒグラフ』二〇〇〇年六月九日号　七四頁

(2)この歌の作者・林柳波（明治二五年〜昭和四九年）は群馬県沼田の人。明治薬大卒、同大講師。野口雨情との出会いから童謡に取り組み、戦中は長野県で公民館長・図書館長を務めた。晩年、再び母校・明治薬大の図書館長も務めた。

（『日仏図書館情報研究』No.26　二〇〇〇）

司書課程の思い出

短大・司書課程の三十年を振り返れば、回想は尽きない。開学直後の数年間は、すべてが手探りの状態ながら、爽やかな緊張感が漲っていた。新しいものを創造するという自覚が、学内に新鮮な風を吹き込んでいたからであろうか。

当時、私は県立図書館が本務で、短大へは非常勤講師として週一回出向する立場にいたので、講義の前日は下調べや演習問題の作成で徹夜をして、充血した眼で講義に臨むことが多かった。学生たちの側にも、それに呼応するようなひたむきな積極性があって、相当ハードな演習にもよく辛抱してついてきてくれた。彼女たち（司書課程履修生）は講義ばかりでなく、県立図書館での実習も課せられていた。その受入れと、実習計画と、ローテーションを組むのも私の役目だったので、学生の顔と名前は悉く覚えた。司書というプロ集団を仕込んでいるという実感があった。

もう一つ印象に残っていることは、その頃の教壇には、水差しとお絞りが必ず用意されていたこと、黒板がいつも綺麗に拭かれていたこと、時には一輪挿しに季節の花が飾られていたこと等である。今では信じられないような光景である。

「短大の本領は実学にある」と、船田譲先生はよく仰っていた。私もまた司書を採用する側に身を置きながら、長い間司書の育成にも携わってきて、短大卒業生の若さと即戦力を高く評価する気持ちが強い。栃木県の公共図書館建設ブームの時期と重なって、卒業生たちが各地の新設図書館に進出し、そこで活躍している姿を見ることは、ほんとうに嬉しかった。

しかし今、短大も曲がり角にきている上に、司書の養成制度についても、修得単位数の増加など、一段と厳しさが要請されるようになってきた。短大が適切な改革を以てこの危機を克服して、二十一世紀へ向けて更なる発展を遂げられんことを、心から祈ってやまない。

（『作新学院女子短期大学三十年誌』 同学 一九九七）

Ⅳ『図書館・日仏の出会い』によせて

日仏図書館交流の先駆者

岡田恵子（元日仏会館図書室）

小林さんの当会にたいする思い入れは、私たちの想像を超えるところにあるのではないかと思う。昨年現会長に席を譲るまで、三十数年間、当初の会長は杉先生であったが、会の設立からずっとその重責を担ってこられたのだから。

この論集のご出版もさることながら、その思いが凝縮されたものが、一枚のコンパクトディスクに込められた。写真を撮るのがお好きな小林さんは、永年、度あるごとにカメラに収められていたスナップ写真を一昨年デジタル化され、会に寄贈された。私は複製を一枚いただいた。六〇〇枚近くある一枚一枚の写真は、その時代を確かに写し残してあった。ありがたかった。それぞれにタイトルがつけてあって、製作にはさぞかしお手間をかけられたことと思う。

小林さんは図書館学ではじめてフランス政府給費留学生になられて、後輩に道をつけられた。私が留学を志したのは、小林さんのように大志をいだいてというのではなかった。その場のなりゆきで、あやかってしまったといったほうが、正直かもしれない。小林さんや、先輩の小杉さんに書類作成の手順を教えていただいたおかげで、実現できたことと感謝している。

ちょうどそのころ、小林さんは日仏図書館研究会という小さな会を立ち上げられた。そしてガリ版刷りで数ページの会報第一号を発行された。コピー機がまだ手軽になかった時代であるが、私にはついこの間のことのようにも思える。

会ができて、私は日仏会館図書室に働いていた関係上、事務局を引き受けることになってしまった。当初は十数人の会であったが、毎年会費を徴収する。しかし、最初の二、三年小林さんは会の活動らしきことはなにもされなかった。私は会費だけ徴収するのがとても心苦しかった。

岩波書店に勤めている星野さんに相談すると、第二号の会報を私たちで出しましょうということになった。今からみれば、ほんのささやかな薄ぺらい冊子であったが、小林さんは表紙付の会報が出たと、たいそう喜んでくださった。きっと、若い人たちが何かを始めてくれるのを、じっと待っていらしたのであろう。

それからまた二年近くが過ぎた。月一回の用語勉強会ができ、会は日仏関連学会のひとつに加えられ、フランスの文化使節招聘の候補者を推薦できる特権を得た。一九七五年に当会推薦の最初の文化使節であったミシェル・ルシエ氏が来日講演され、方々の図書館を訪れて交流を深められた。これを機会に、やっと組織としての会が動きはじめ、会員も増えていった。私はこのころからの会の活動を通して、どんなに外とのかかわりを得たことか。つまり、人脈作りができたということだ。会が存在していなかったら、こんなに多くの人々と接することができたであろうか。私にとって、小林さんが会を作ってくださったということは、仕事の上でとてもありがたいことであったのだ。このことは会報第二十七号に書いたので、具体例は省略する。

ともかく、小林さんという方は、日仏図書館交流の先駆者であったという、たいへん貴重な存在なのである。

小林さんは宇都宮にお住まいということがあって、フランスからのお客様があると、いつも日光を案内された。そのほかのことは、お伺いや報告を電話などでとっていたが、催しものの企画はいっさいこちらにまかせてくださった。これは考えてみれば私たちにとってとてもやり易いことであった。後輩を全面的に信頼してくださった証しである。

これからも、今までのように私たちを見守っていてくださいますように、また、私たちも、できるだけ小林さんと連絡をとって、アドバイスをいただけますように、と願っている。

謝恩

小杉恵子（フランス国立図書館東洋写本部）

久しくお目にかかることも、また、消息をかわすこともなく、歳月が容赦なく過ぎてゆきましたが、お元気でいらっしゃいますか？　私は、昨年大手術をして、それを機に会長辞任を申し出ていたのですが、後任問題がスムースに行かず、今年の総会で、赤星さんが後を引き受けてくれることが決まって、やっと肩の荷をおろすことができました。杉先生を担ぎ出した行き掛かりと責任から、その器でもないのに先生の没後、会長職を引き継ぎ、ずるずると三十年間も続けてしまったことを、恥じ入るばかりです。（後略）

冒頭文は、昨年暮れ小林さんからいただいたお手紙の書き出しの部分である。その後には、会長退任の記念論集に原稿をいただきたいとのお願いが書き綴られている。誠に感無量であった。終りの数行の心暖まるお言葉に一時歳月の流れも忘れ、今更のごとく懐かしい思いに駆られたが、実に三十年以上も御無沙汰を重ね続けてしまったことになる。かつての恩人に対して、甚だ不徳の致す所であった。

小林さんに初めてお会いしたのは今から三十七年以上も前のことであったと思う。確か宇都宮のお宅に伺ったのである。訪問の目的は、図書館の部門で初めてフランス政府技術給費留学生として一九六四年に渡仏された小林さんからフランスでの研修体験をお聞きすることにあった。その折小林さんは後進の私に惜しみなく援助をお与えくださり、かつ励ましてくださった。爾来一年間のフランス留学中はもとより、一九六九年に日仏会館図書室を退職し、その翌年国立図書館（BN）に就職する頃まで、小林さんから受けた数々の御厚情は終生忘れることはないであろう。

現在、百二十人以上の会員を数える日仏図書館情報学会は、小林さんの発意と実行力から生まれたのである。会は日仏図書館研究会と名付けられ、日仏会館図書室に設置された事務局で岡田恵子さんの積極的かつ献身的な活動に支えられて歩み出した。お二方の功績は常に銘記されるべきであろう。またいうまでもなく、発足当時、全部でわずか十三人の会員諸氏の賛同と協力なくして会の実現も存続もありえなかったのである。私個人の場合はフランス在住会員として殆ど何の貢献もしなかった。しかも終始非協力的な立場に固執するのみで、近年は会を退くことさえ考えた。本来ならばこの小文を寄稿する資格は皆無である。にもかかわらず、今、こうして小林さんへの感謝の思いを綴る機会をお与えいただいたことは望外のよろこびである。

小林さん、長い間御苦労様でございました。

志を受け継いで

永尾信之（元東京都立中央図書館）

小林さんの「フランスの図書館に学んで」は、『図書館雑誌』一九六六年四月号を飾った。わたくしが日比谷図書館の正職員になって約一年半後のことである。その号にはフランス国立文書館主催の国際文書学研修生募集の記事も載っていた。その両方を目にして、漠然と自分も挑戦してみたい衝動に駆られ、自分のしている江戸末期から明治にかけての古書・錦絵を扱う係の仕事に関係づければ、フランス留学の大義名分が立つと考えた。大学二年の時からフランス語は勉強していたものの、専攻の英文学に関係のあるフランス語文献を読むためであって、それまでフランスに行こうなどとは夢にも考えたことはなかった。小林さんに直接コンタクトをとれるほどの自信はなく、自分一人で大使館に行き応募したのである。幸いにも留学生試験に合格、フランス行きが決まった。フランスに行く年は、館の仕事が忙しく、事前にフランス文書館の予備知識を得ないままフランスに行ってしまった。

語学力の不足なども加わって、留学の成果は満足できるものではなかった。その埋め合わせに、フランスに行ってすぐに購入した文庫クセジュの原本『図書館』か『文書館』を訳そうと意を決した。だが、『図書館』は、小林さんが訳にとりかかっていて、もうすぐ仕上がるところだし、『文書館』は、売れそうにないので出せないというのが白水社の回答であった。両方断られて、がっかりしたのと同時にほっとした気持ちにもなっていた。というのは、『図書館』を少し訳してはいたが、わたくしのフランス語の力ではうまい日本語にはならなかったからである。後にできあがった小林さんの読みやすい訳を見て、わたくしなどが訳さなくて本当によかったと思った。

そんな時期に、杉先生が美濃部都政のブレーンも兼ねることで日比谷図書館長になられた。同じ頃、フランス図書館についての研究会を発足させる意向のあることを小林さんから聞かされた。わたくしは、内心そのような会を作ることに乗り気でなかった。というのは、杉先生の強力なはたらきかけで、『文書館』を翻訳することが急きょ決まり、忙しくなったことが第一の理由であったが、どのくらいの人が集まるか見当もつかない。たとえ会員が集まったとしても、誰が面倒をみるのだろう。費用はどうするのだろう。もし論文を書くようなことがあれば、『図書館雑誌』に発表すれば、費用も、人手も図書館協会の負担で処理できるのではないだろうか、などいろいろ考えた。が、情熱的にことをすすめておられる小林さんには言えなかった。小林さんは、手回しよく杉先生にも手紙を書き、着々と準備を進めておられたのである。そして、発足当日は、杉先生もお見えになり、「わたくしが世話人代表になりましょう。ここにいる皆さんが世話人になればいいでしょう。」と言われ、わたくしもその一員となった。

その後の会を成長させた要因はいろいろあろうが、そのひとつに招聘したフランスの図書館の指導的立場にある方々による講演会があると思う。最初の招聘者であるルシエさんの講演会は都立中央図書館でも行われ、このときは杉先生にもお話を頂き、この種の会をかさねるごとに、会員数は徐々に増えていった。また、『会報』は小林さんが第一号は手作りで始められたもので、その多くの号に書かれている小林さんの文章、各講演会の講師の紹介などは、大部分この「論集」に納められ、日仏図書館研究会、日仏図書館学会、日仏図書館情報学会と発展してきた会の味わいのある記録にもなっている。もう一つ会の発展に寄与してきたものに『フランスの公共図書館』をはじめとする研究シリーズがあるが、こちらは、現在休眠中で、次の企画を待ちたい。そして、毎年行われる総会とそれに続く講演会、懇親会、また会員が働いている図書館等の見学会などを通じて、館種、年齢差を超えて、お互いに友人になれた人も多い。発足当時に消極的にしていたわたくしの心配ごとはとっくに消え、いまだに会員でいられることを喜びとしている。

職業としての図書館を引退したわたくしは、昨年一〇月には『フランスの美術館・博物館』を元都立中央図書館時の同僚で、国立西洋美術館を経て、今年からは駿河台大学を中心に教鞭をとることになった波多野さんとの共訳で出版できた。この翻訳で、フランスの実証的、百科全書的学問を支える情報の拠点である図書館と、よりプリミティヴな情報を提供してくれる美術館・博物館、文書館についての「文庫クセジュ」三点をすべて当会会員が日本語で読めるようにしたことになる。小林さんが『美術館・博物館』の奥付をご覧になって、「(小林・永尾・波多野の)三人には十年ずつの差があるのですね」と言われた。わたくしの最初の出会いは雑誌の記事を通してだけのものであったが、小林さんの情熱に触発されて、いくつかの夢を現実のものにしてきた。そして、それらを次の世代にも伝えることができたとも思っている。

小林さんが、この会の発起人、幹事長、副会長、会長として、三十年の長きにわたり、会員全体を導いてくださったことに感謝したい。これからの小林さんは、図書館や本学会での雑事から解放されたのを機に、創作の初心に立ち帰り、図書館生活などで培われた技で新たなる「雨だれの歌」を奏で、われわれの心に響かせて欲しい。健康には十分に留意され、趣味豊かで、おおらかな生活を長く続けられますように。

小林 宏 略年譜

大正一四（一九二五）年　宇都宮市にて歯科医の長男として出生、栃木県立宇都宮中学校、水戸高等学校文科を経て、京都大学文学部仏文科を卒業

昭和二五（一九五〇）年　NHK二五周年記念公募放送劇に「雨だれの歌」特賞入選

栃木県立図書館に勤務

昭和二九（一九五四）年　『サンデー毎日』に小説「青嵐」入選

昭和三一（一九五六）年　読書懇談会を主宰、機関誌『つどい』を刊行、読書会活動を推進、著者を囲む会を企画・開催（木下順二、椎名麟三、阿部知二等を招く）

昭和三九（一九六四）年　フランス政府給費留学生として、国立高等図書館学校にて研修

昭和四一（一九六六）年　『世界の図書館』（フランス篇担当）刊行（日本図書館協会）

昭和四三（一九六八）年　作新学院女子短期大学・司書課程の非常勤講師の職を兼ねる
日本図書館協会・評議員に推挙される（昭和五六年まで七期十三年間）

昭和四四（一九六九）年　文庫クセジュ『図書館』（マソン、サルヴァン共著）刊行（白水社）

昭和四五（一九七〇）年　日仏図書館研究会（後に日仏図書館学会）を設立、幹事長を務める
『日仏図書館研究会会報』No.1発行

昭和四九（一九七四）年　日仏図書館研究会、日仏会館関連学会として認められ日仏図書館学会と改称　会誌、『日仏図書館研究』と改題

昭和五〇（一九七五）年　「図書館の秋」『文芸栃木』二九号（栃木県文化協会）

昭和五三（一九七八）年　県立足利図書館建設準備担当主幹

昭和五五（一九八〇）年　新図書館（ミニＢＰＩ）を創設
栃木県立足利図書館長
昭和五六（一九八一）年　文部大臣表彰（図書館功労者）
『フランスの公共図書館』刊行（全国公共図書館協議会）
日本図書館協会監事に推挙される（昭和六三年まで四期八年間）
昭和五七（一九八二）年　栃木県立足利図書館長を退職
作新学院女子短期大学教授（司書課程主任）
昭和五九（一九八四）年
昭和六一（一九八六）年　『世界の公立図書館』（第六章フランスを執筆）刊行（全国ＳＬＡ）
昭和六三（一九八八）年　『栃木の文学史』（共著）刊行（栃木県文化協会）
作新学院図書館長の職を兼ねる

『フランスの公共図書館』刊行

日仏会館にフォアイエ開設　関連学会などの利用に供される
ＩＦＬＡ東京大会フランス系参加者歓迎会開催（会場・日仏会館）

平成　元(一九八九)年		『フランス図書館・情報ハンドブック』刊行
平成　二(一九九〇)年	『栃木県近代文学全集』第四巻　短編集（「図書館の秋」収録）第六巻　近代文学栃木集（解説を分担執筆）刊行（下野新聞社）	『フランス図書館関係用語集』刊行 杉捷夫会長、逝去
平成　三(一九九一)年	日仏図書館情報学会会長に推挙される	日仏図書館学会、日仏図書館情報学会と改称　会誌、『日仏図書館情報研究』と改題 日仏会館新館図書室「メディアテーク」建設小委員会設置 『日仏間における情報アクセスの現状と将来展望に関する基礎的研究』刊行 日仏学術シンポジウム「情報通信とドキュメンテーションセンター」開催（会場・日仏会館）
平成　四(一九九二)年	日本図書館協会百周年記念式典に永年勤続者（四十年）表彰	

平成 五(一九九三)年 『情報通信とドキュメンテーションセンター』刊行

平成 七(一九九五)年 作新学院女子短期大学を退職
名誉教授の称号を授与さる
日仏会館、恵比寿に移転し、新館竣工、図書室増床して開室

平成 九(一九九七)年 全国図書館大会(新潟)において表彰(図書館功労者)

平成一〇(一九九八)年 栃木県文化選奨を受賞

平成一一(一九九九)年 日仏学術シンポジウム「日本に関する情報へのアクセス」開催(会場・パリ日本文化会館)

平成一二(二〇〇〇)年 『日本に関する情報へのアクセス』刊行

平成一五(二〇〇三)年 日仏図書館情報学会会長を退任
創立三十周年記念シンポジウム(会場・日仏会館)

平成一六(二〇〇四)年 日仏図書館情報学会顧問に推挙される

「解説」にかえて

本書は、「はしがき」にもあるとおり、小林宏氏の日仏図書館情報学会会長退任を記念して編まれた。フランス図書館および日仏交流に関する同氏の既発表論文・記事のうち主要なものを選んで再編するとともに、今回書き下ろしの一編を加え、さらに草創期の会員三名からの寄稿をもって、同氏および同学会の三〇有余年にわたる活動を跡付けようとしたものである。

筆者もまた小林宏氏から公私にわたって恩恵を蒙った一人であり、創立メンバーではないものの、一九七五年に入会して以来、一時期は幹事、幹事長として同氏のもとで会の運営に当たらせていただいた。その後、仲間とともに美術情報に関係した別の研究会をもつことになったが、ここでも同氏および同学会の活動に学んだことが大いに役立った。本務であった職場からよりも、この学会において学び、形づくってきたものの方がはるかに大きい、といっても過言ではない。常々そうした思いをもっていたので、最初に渡仏して研究会を立ち上げ、学会としてここまで育ててこられた小林氏の会長退任は他人事には思えず、密かにこれに報いる道はないものかと考えていた。当初、現会員有志の書き下ろし論文を集めてこれを一本とし小林氏に捧げる意図をもったが、短時日にこれを実現するのは困難に思え、同氏もまたこれまでに発表されてきた論考をこの機会にまとめることを望まれた。

二〇〇三年五月、同氏の退任が承認された総会で、論集を学会として刊行し会員に配布すること、筆者が編集を担当することなどが決まった。筆者の個人的な思いは別として、現会長による「序」にもあるとおり、多くの会員が改めて学会草創期の事情を想起し、今後の学会活動、ひいては日仏交流を考える共通の素材ともさせてもらおう、というのが刊行のもうひとつの大きな目的である。

その後の打ち合わせの過程で、創作は除くこと、フランス図書館・日仏交流に関係した論文・記事とすること、原則として初出を再掲し、必要に応じて修正すること、適宜、写真を挿入すること、氏自身による略年譜に学会・日仏会館関係事項を併記すること、注・参考文献などの形式をできるだけ統一することなどの大筋が決まった。

ところで、小林氏の書かれたものの全容を知るには程遠いが、筆者のみるところ、これらは大きく三種に分けられるように思われる――「雨だれの歌」「図書館の秋」などの創作、ここに集められたような日仏図書館関連の論文・記事、それに図書館情報学に関する実務的な論考――である。

創作——文学に連なるものには「文学作品の中の図書館—図書館像の変遷を探る—」といった考察もある。日仏関連では、地元栃木県・日光との関わりから「ジョルジュ・ブスケの『日光紀行』」、「ギメ著・レガメ画『日本散歩・東京—日光』について」などがあるが、直接図書館に関わらないので本書には入れていない。図書の排架法や参考業務、もしくはビブリオグラフィーについての氏の思いは、本書でも随所に触れられているとおりであり、「図書排架法の再検討—書庫収蔵能力の効率化のために—」「わが国におけるビブリオグラフィーの課題—図書館員の基礎学としての参考文献学の確立のために—」「文献探索力の錬成—参考業務演習の一試案—」などがある。「図書館長論—その職務と図書館人の使命—」などと併せて読めば、氏の図書館思想をよりよく理解することができよう。

編集準備のために一度宇都宮のお宅を訪問した際に、著作掲載誌はもちろん、機会あるごとに撮影された写真ネガフィルム/コンタクト・プリントなどが実に整然と整理されているのを拝見した。写真類はデジタル化され、学会にも寄贈されている。本書で利用したのもこれらのデジタルデータである。ちなみに、小林氏は、図書館情報学の安易なコンピュータ依存には否定的であるが、他にも道具としてのコンピュータは駆使された。本書の原稿の多くは初出掲載誌からのOCR読み取りで作成されたものである。

それにしても学会の三十余年の活動、とりわけ来日されたほとんどの使節の人となりや講演を含む滞日の概要が、小林氏の手によって克明に記録され、それも美しい日本語によって表現されていることに改めて感動する。本学会の積み重ねてきた日仏交流が会員の心に刻み込まれて残るのは、杉先生から小林前会長に引き継がれた、「言葉」を大切にする「伝統」が、それぞれの使節の学問的業績や人間性とあいまって大きな力を醸し出しているからではなかろうか。

より若い会員やフランスの図書館に関心を寄せられる一般のかたがたにとって、本書のもつ意義はきわめて大きいはずである。これらの人々によって本書が味読されるとすれば、編集の一端を担ったものとしてこれ以上の喜びは無い。

波多野　宏　之
（駿河台大学文化情報学部）

あとがき

このたび、私の未熟な研究と拙い文章を、会が一冊の本にまとめてくださったことに対して、心からの謝意を表します。そのきっかけをつくり、本書にも序文を寄せてくださった後任の赤星会長をはじめ、日仏の掛け橋への志を最初に私に自覚させてくれた小杉恵子さんや、この会の事務局（日仏会館図書室）を預かって半生をこれに捧げ尽くして、多くの同志を育ててくれた岡田恵子さん等から、ご寄稿をいただけたことを嬉しく思っております。

この企画をご提示いただいてからも、生来の怠惰と逡巡症の故に、原稿の完成が遅延し、殊に四十年前のフランス図書館事情紹介などをこの期に及んで復元することに何の意味があろうかなどと、例によって内向し落ち込んだままに筆が停頓しておりました。泥沼から引きずり上げるように、このスランプから救出してくれたのが波多野さんと永尾さんの《クセジュ・コンビ》でした。（白水社の文庫クセジュに、永尾さんは『文書館』を、波多野さんは永尾さんと共訳で『フランスの美術館・博物館』を刊行。）私が、アラビア数字と欧文混じりの横書きの論文集を縦書き文書にしたくて悪戦苦闘していたのを、永尾さんはお得意のパソコンの手腕で見事に縦書き割付を実現してしまったのには舌を巻きました。ですが、何と言っても、波多野さんの学究的な編纂の姿勢とその技量には、私は完全に脱帽せざるを得ませんでした。多忙な現職者の彼に編集をお願いしたのであれば、私は原稿の配列、割付、一寸した校正以上のものを求めてはいませんでした。それを彼は、初出と読み比べ、さらには引用文献の原典にまで遡って当たってくれたのでした。自分の過去に書いた文章だからと、安易に書き直し、手を入れ、重複部分をすっきりさせようなどという、勝手気ままな態度を痛く慙愧させられました。もし本書が、この道の伸展に少しでも資するものがあったとすれば、それはひとえに編集兼監修者の役割を果たしてくれた畏友波多野氏の功績であり、もし引用文献その他に誤謬がいささかでも残されていたとすれば、それは全面的に著者たる私の責任であることを明言しておきたいと思います。

最後になりましたが、日仏図書館情報学会の今後の発展と、会員をはじめ、図書館に篤い志を寄せる全国の皆様がたの、益々のご活躍を祈ります。また本書の製作に際しては、日本図書館協会で旧交のあった我妻滋夫氏のお骨折りを頂いたことを感謝します。

小林　宏

図書館・日仏の出会い
2004年6月5日 第1刷発行
2005年1月27日 第2刷発行

定価2,520円 本体2,400円(＋税)
ISBN4-931253-04-0 C0000 ¥2400E

Printed in Japan

著 者 小林 宏

発行者 赤星隆子

発行所 日仏図書館情報学会
〒150-0013 東京都渋谷区恵比寿3-9-25
日仏会館図書室内
電話 03-5421-7643

発 売 日本図書館協会
〒104-0033 東京都中央区新川1-11-14
電話 03-3523-0811

印刷所 船舶印刷株式会社
〒110-0015 東京都台東区東上野1-28-3
電話 03-3831-4181

装幀者 藤田莞爾